U0137299

后浪

SICK SOULS, HEALTHY MINDS
How William James Can Save Your Life

实用主义救了我

威廉·詹姆斯的心理课

JOHN KAAG

[美] 约翰·卡格 著

海拉 译

上海文化出版社

哲学的疗愈力量
走出价值死胡同

约翰·卡格（John Kaag），马萨诸塞大学洛厄尔分校哲学系主任、教授，专攻美国哲学。著作《美国哲学：一个爱情故事》（*American Philosophy: A Love Story*）获约翰·杜威奖，《攀登尼采：回归自我的心灵之旅》（*Hiking with Nietzsche: On Becoming Who You Are*）是《纽约时报》年度编辑推荐和美国公共广播电台最佳图书。

献给道格·安德森[1]和凯西

---

1. 译注：指作者的友人兼同行，北得克萨斯州大学哲学系教授道格拉斯·安德森（Douglas Anderson）。他的研究方向是美国哲学、皮尔士、文化哲学。（如无特殊说明，本书注释均为译注。）

目　录

威廉·詹姆斯，《我和悲伤坐在这里》，红色蜡笔画手稿，约 1860—1869 年，现收藏于哈佛大学霍顿图书馆。

前言

——「厌恶人生」

拿最幸福、最为世人艳美的人来说，他心底里十有八九觉得自己是失败的。

　　　　　　——威廉·詹姆斯，《宗教经验种种》

（*The Varieties of Religious Experience*），1902 年

1869 年，威廉·詹姆斯正在崩溃的边缘。他向朋友亨利·鲍迪奇[1]坦白："我是一个可鄙的不幸之人。在过去的三个月里，厌恶人生的感觉蹂躏着我。至于写信我应该是做不到了。"这时，他正迈向他的成年期：在接下来的二十年里，詹姆斯会不间断地写信、写文章、写书，如毕生之志。他将成为美国哲学和美国心理学之父，这是他写这封给鲍迪奇的信时完全没预料到的。事实上，他时常挣扎着活到第二天。[1]

詹姆斯这时刚刚结束为期十八个月的柏林短居，回到他父亲位于马萨诸塞州剑桥[2]市的房

---

1. Henry Pickering Bowditch（1840—1911），生理学家。鲍迪奇实验室是美国第一个生理学实验室。
2. 位于马萨诸塞州，是哈佛大学、麻省理工学院所在地。

产居住。这趟旅程的目的是探寻健康与理智，结果失败了——更准确地说，结果严重地事与愿违，他的状态越来越差。回到新英格兰[1]以后，取得医学学位的期许倒是给了他一点点快乐（他将毫不费力地实现）。他的心不在这上面，也不在任何事上面。真相或许是他心里一下子有太多事也说不定。

詹姆斯拥有多个领域的博学之才，这是导致他自我割裂的部分原因，他是诗人，也是生物学家、艺术家、神秘主义者。他受到太多方向的引诱，就像被绑在把人的双手、双腿往反方向拉拽的刑具上一样，因此，他一时半会儿无法动弹，前行或去往他处也不可能。他是一个由碎片拼凑起来的人，过去他几乎保持不了"完整"的状态。而且，他身上还有另一面：因为哲学而感到困顿。那些折磨了过往无数哲学家的观点同样令詹姆斯深陷，比如：人类被超出他们控制的强力所决定；人类悲剧性、无意义地听由命运主

---

1. 美国东北部六个州（包括马萨诸塞州）的概称。

掌一生；人类竭尽努力也无法作为自由鲜活的存在者，以自己的名义行事；人类充其量是不幸被造出来的机器上的齿轮罢了。

无意义感是个问题，詹姆斯深以为然，它把他逼到了自杀的边缘。在十九世纪六十年代末的一天，他用红色蜡笔在笔记本上画了一个人物速写：一个年轻人独自坐着，他弓着背，脑袋下垂。詹姆斯在图上题词："我和悲伤坐在这里（HERE I AND SORROW SIT）。"[1] 但如果你看得仔细点，你就会发现有一根颜色很淡的线条改变了整个句子的意思，句中的"N"实际上是"M"。重新读一遍："这就是我。"这是一幅自画像。[2]

詹姆斯在晚年这样描述一种在哈佛随处可见的、打出生起就存在心理障碍的人："这类人的人生只不过是一系列的'之'字形：此刻箭在弦上的趋势，过会儿又由反面占据上风。他们的精神和他们的肉体交战，互不相容。反复无常

---

1. 语出莎士比亚《约翰王·第三幕·第一场》："我和悲伤坐在这里；这是我的宝座，请诸王向它鞠躬。"

的冲动打断他们最精心的计划。他们的人生是一场充满懊悔、尽力修复不当行为和错误的漫长戏剧。"[3] 这类人就是,用詹姆斯的话说,"生病灵魂"。这些人有可能从常春藤联盟高校毕业,同样有可能在距离哈佛中庭咫尺之遥的麦克莱恩医院里自杀。有传言说,詹姆斯自己曾到医院接受治疗,不过这种传言在他死后百年逐渐消失了。如今人们通常认为詹姆斯是独自面对精神疾病的,没有寻求医生的帮助。

这种说法大错特错:他自己就是医生。威廉·詹姆斯的全部哲学从始至终都是为了拯救生命——他自己的生命。[4] 哲学从来不是超然的智力训练或文字游戏。它不是游戏,就算是,也是世界上最严肃的游戏。它关乎一个人成为能够进行缜密思考的鲜活存在。我将会向读者展示詹姆斯的人生"救生圈"。当然了,人终有一死,无人幸免。但是,有些作家(特别是詹姆斯)通过维护和教会我们生而为人最重要的东西,从而帮助我们活下去,活到死为止。詹姆斯建构了一种他自称"健全心态"的哲学。它可能不是治疗"生病灵魂"的成方,但我认为算得上是行之有效的偏方。若不是我们之中有那么多人濒临绝望的深渊,那么这种哲学就没有存在的道理。2010年的我需要它。那时候我三十岁,正在办离婚,看着我那个疏于来往的酒鬼父亲一点点死掉,还在哈佛做博士后——你猜我研究什么?——威廉·詹姆斯。我原本打算完成一部关于他的创造力概念的催人振奋的专著,讲他被称作"实用主义"的哲学具有怎样的拯救人心的效用。1900年,詹姆斯向他的读者们如此阐明"实用主义":真理应该根据它的实际结果,根据它影响人生的方式来判断。这个想法很不错,但当人生被无意义感笼罩时就没多少说服力了。他懂得这一点,于是构建出一种哲学来应对这痛彻的领悟。我则花了相当惨淡的几年时间才掌握它。

我觉得威廉·詹姆斯的哲学拯救了我的人生。具体来说,它给了我不再害怕生活的勇气。这话的意思不是说它适用于每一个人。见鬼,它甚至不一定对明天的我有用,或者不一定一直对我有用。但是它真的至少成功过一次,那一次的效果足以让我对它报以永久的感激，也让我对这本书稍微乐观一点了。詹姆斯为当下时代的人们写作：有意回避传统和迷信，但极度渴求存在意义的人；物质富足，但抑郁、严重焦虑的人；重视偶像，但认为应该早早遏制名利生活的人。对于这样的文化，詹姆斯温和而坚定地主张："别害怕生活。要相信人生是值得过的，这份信念将助你把它变成现实。"[5] 情况好的时候，我生病的灵魂只是稍稍低语，詹姆斯的主张显得非常奏效。情况不好的时候，它帮助我咬紧牙关。后来我开始赞扬和感激詹姆斯的哲学，把它视为"救生圈"。我也遇到了越来越多的友人、邻居以及有可能正在严重状况中艰难挣扎的陌生人。

∞

2014 年，我骑车去哈佛大学威德纳图书馆继续写这本关于詹姆斯的实用主义的催人振奋的书。我取得了一些进展：书看起来有眉目了，我甚至觉得完成它已不再是梦。那是一个被大雪覆盖的寒冷的二月早晨。不知道是什么驱使我选择骑自行车，总之我骑了，从查尔斯镇滑啊滑啊，一路滑到剑桥。骑行的最后一段路，我沿着柯克兰大道经过威廉·詹姆斯大楼前。不过那天这栋巨大建筑四周的道路被黄色警戒线围住了。

威廉·詹姆斯大楼周围的传统建筑在对比之下显得低矮。哈佛大体上是以清教徒礼仪为理念建造而成的，根据"天堂应该留给上帝"的观念，建筑呈水平排列。这栋建筑却不谦卑。大楼有鲜明的现代特征，于 1963 年由山崎实（纽约世贸大厦的设计师）设计建造，也是现在心理系的所在地。它不朽、严肃地矗立着，向有可能是哈佛历史上最伟大的人致敬。

站在威廉·詹姆斯大楼的楼顶，你可以用一枚石子扔中詹姆斯曾居住过的位于欧文街 95 号的房子。詹姆斯说这个房子是他的"乐土"：有复斜屋顶的三层殖民复兴风[1] 小楼，一楼有宽

---

1. 十八、十九世纪美国东海岸殖民时期建筑复兴风格的总称，包括乔治时代风格和联邦风格等。特点是对称设计，偏爱简单、干净的线条，很少采用装饰，突出古典元素。目的是唤起爱国情怀。

敞的图书馆，二楼有私人书房，看起来就是天堂的模样。往威廉·詹姆斯大楼的对面看，稍侧一点的方向就是哈佛中庭的爱默生大楼。二十世纪初，詹姆斯就是在那里发展出了哲学在美国的独立分支。拉尔夫·沃尔多·爱默生是詹姆斯在学识上的"祖师爷"。他的《论美国学者》一文早在 1837 年就预告了一种新的思想家即将出现，并且带领美国加入人类智力地图。等到詹姆斯去世（1910 年，68 岁），他已经杰出地完成了爱默生的预言。

威廉·詹姆斯大楼的 15 层是这栋庞然大物内值得一去的地方之一，中心研讨室里悬挂着一幅詹姆斯的肖像：他露出四分之三的侧脸，望着窗外，锐利的眼神沿画布的边缘投射下来，穿过这所部分因为他而名声大噪的大学。从 15 层望出去的景色是很壮观的，还有它距离地面约 51 米的阳台能给人一个崭新而绝佳的俯视周围建筑的观景角度。

站在约 51 米的高空，人只需要不到 4 秒的时间就能以每小时约 112 千米的速度坠地。上一次发生这种事是在 2014 年 2 月 6 日，冰天雪地。哈佛大学 2006 年毕业生史蒂芬·罗斯从威廉·詹姆斯大楼的顶楼坠下，结束了他 29 岁的人生，成为当年 4 万名自杀者中的一员。一位在该大楼工作的教授这样报告："我发现我们的日常工作很难开展下去。"[6]

那位教授说得对，当天早上我也无法如常行事。我很确定，听到这类新闻会打断人们的日常。然而第二天的警察笔录中写道，罗斯之死是"无人问津的坠亡"，我打包票事实并非如此。事情发生后，我立马跳下自行车，挤进了在柯克兰大道的禁区外成群的围观者中，想看看到底发生了什么。顶着寒风驻足半小时后，我们之中的绝大多数人一致同意：合适的问题不是"发生了什么事"，而是"为什么会发生这种事"。

这个问题好极了，它蔑视试图囊括所有人的普适答案。在这之前，我常常想我下辈子也愿意做哈佛新生。那种机会和特权（全然自由的体验）像是无条件的获赠，在外人看来无比优越。当然，史蒂芬·罗斯可能会说我这种想法又愚蠢又残忍。世上不存在什么"无条件的获赠"：表象具有欺骗性，自由往往伴随焦虑，特权也会成为始终压在肩头的重负，机会总被轻易浪费。一切都取决于具体的人。

"人生值得过吗？"1895年，也就是詹姆斯决定放弃自杀的25年后，他仍然卖力追寻这个问题的答案。根据詹姆斯的意见，确有一个答案既符合罗斯之死的事实，又或许能够挽救他的生命："也许吧。"也许人生值得一道——"生命的价值取决于生活者。"[7] 有些人的人生或许实在让人难以忍受，还是提早结束为好，比如史蒂芬·罗斯的人生。然而詹姆斯会提议，罗斯的人生也有可能不是这样的。或许直到情况变得不可挽回之前，他还有时间去实现人生的意义，去寻找，但更多的是去创造一些价值。

一个小时后，风雪中围观的人群散了，下午稍晚时分警戒线也撤离了威廉·詹姆斯大楼。我那天什么事也干不成，决定写这样一本书：介绍詹姆斯早已为诸如史蒂芬·罗斯这样的人留下的著作——关于探索人生价值之"也许"，以及他姑且得出"人生值得一过"的结论。

我的想法是通过詹姆斯的智慧，传递他关于人生的种种感想：人的一生中确实存在大量的可能性，人可以自由地、有意义地探索不同的可能性，只是要冒点风险。詹姆斯在年轻时差点断送自己全部的可能性。到了最后，他从多种角度表明，自杀肯定是退出生命的错误方式。我们终会摆脱俗世牵挂，那一天不会很远。我们的任务是找到一种在人间活下去，真正地生活的方式。

第一章

————

————

决定论和绝望

人生的正常进程包括一些糟糕的片段，就像精神错乱的患者每日面临的情况一样糟糕。那就是彻底的邪恶登台亮相且主掌局面的时候。疯人眼中的可怖幻象，全是从日常生活中取材而成的。

——威廉·詹姆斯，
《宗教经验种种》，1902 年

在某种意义上说，我们的生活并未得到我们同意。没人问过我们想不想出生或者喜不喜欢自己的家庭。一个人的种族、性别、社会经济地位、健康状况等要素很大程度上都是偶然的。用二十世纪德国哲学家马丁·海德格尔的话说，我们是"被抛入"这个世界的，随波逐流，再经历相当长的一段青春期，然后发觉生活在一种自己远不能掌控的强力的支配下。

对许多人来说，成年无法缓解这种状况。世界卫生组织报告称："人们可能以为自杀在高收入国家更为普遍，但事实上，世界范围内有75%的自杀发生在低收入和中收入国家。"我想，这一统计数字有效反映了有多少人对生活忍无可忍，决定不再忍耐。如果命运对我们微笑，那种强力可能会显露仁慈，让我们没有降生在赤贫家庭，但即使是最仁慈的强力也有可能最终将人推向绝境。[1]

在外人看来，威廉·詹姆斯算是个幸运的家伙：他 1842 年出生在纽约，祖业雄厚，父亲老亨利·詹姆斯非常宠孩子。詹姆斯是被宠大的，但不是我们通常印象中的"宠"。

老亨利在 1832 年继承了一百万美元中的绝大部分，这在当时可谓天文数字。他的父亲在纽约州北部领导着一个银行和房地产业帝国，然而老亨利丝毫不打算参与奥尔巴尼市的家族生意。他如今独享财富，于是把所有世俗的追求抛之脑后，投身于宗教、哲学和自然科学方面的研究当中。

威廉是老亨利的长子。威廉出生的时候，老亨利正处在同时和围绕物质财富的现代竞争以及父亲信奉的加尔文主义做最后决裂的阶段。老亨利的父亲身上的加尔文主义倾向极为严格，使一切近乎癫狂。你看，加尔文主义就是一种关于义务和绝对控制（上帝的控制）的宗教。人类要么被祝福，因而"被选入"天堂；要么被诅咒，因而坠入地狱。而且世上不存在经证实有效的方法可以判断你是其中哪种。然而，有一件事是确定的：你无法掌控自己的命运。在威廉两岁那年（1844 年），老亨利阐述：

> 就我的生活和行动而言，我一直习惯于把"对外部世界详加观察、辨识"这项最招人忌恨的能力归因于上帝，因此我打起十二分精神小心翼翼地对待——侍奉他、崇拜他。为了赢得铁石心肠的神的好感，我承担着没完没了的庄重而冷酷的任务。直到如你所见，我的意志彻底累坏了，我崩溃了。[2]

对于老亨利，加尔文主义提出的任务是不可能的：自由地、有意义地行使人的意志，以满足全能全在的上帝。这项任务把老亨利引向"毁灭"（他后来用"vastation"这个词，来自拉丁语"vastare"，意思是浪费），即一种精神的、个人的彻底荒废。人们应该表现出自己的行为具有道德和存在意义上的某种价值，但是上帝的神圣设计所示状况表明，这些价值少得可怜。

老亨利最后逃出"毁灭"得益于十八世纪一位名叫伊曼纽尔·斯韦登伯格的路德派神秘主义者的潜修法。阅读斯韦登伯格的书之后，老亨利达到了一种"解放境况"(emancipated condition)，他的精神"因突如其来的奇迹而上升，进入一种宇宙……和坚不可摧的生命相融合之感"。[3] 亨利·詹姆斯在十九世纪四十年代所经历的这场信仰危机促成了若干条家法的设立，威廉·詹姆斯就在这些家法之下被抚养长大。自由——这是他们家长期的指导性准则。威廉和他少年老成的弟弟亨利、妹妹爱丽丝都被赋予了自主权，无论是玩耍，还是学习、阅读、旅游。他们可以做所有他们想做的事。家中唯一禁止的事，就是限制这群天资聪颖的孩子的任何可能性。即使是对待智力不算出众的两个小儿子威尔金森和罗伯逊，父亲也给予了很高的自由度。

父亲的狂热背后存在某种甚至堪称优美的条理。他认为人生的意义不在于维持生计和日复一日地完成一些被严格限定的任务——人生的意义不在于赚钱和"做一天和尚撞一天钟"。人活着的目标是塑造良好的人格。"同样，"关于抚养儿子，老亨利写道，"我知道这种人格不能强加于人，他必须自由地承担。我会尽我所能提供他自由的氛围。"[4]

威廉·詹姆斯从小开始背负期许，他的任务就是在移动中习得自由：两岁时到过法国的巴黎和鲁昂、英国的肯特和伦敦；四岁时到奥尔巴尼；五岁时到纽约。1855 年，他父亲断言纽约的精英教育系统对一个十岁的孩子来说过于狭隘，于是他们离开家再次出行：回到法国巴黎，然后是里昂、瑞士日内瓦，最后去了位于英吉利海峡沿岸的法国滨海城市布洛涅（Boulogne-sur-Mer）。

老亨利最亲密的朋友之一拉尔夫·沃尔多·爱默生有言："旅行是愚人的天堂。"不过旅行对威廉·詹姆斯的成长效果不错，至少有一阵子是的。老亨利对孩子们的期望仅仅是"在一个地方——任何地方都行——以某种方式收获

一种印象或一种融入感，感受一种关系或一种共
鸣"[5]。这样就够了。詹姆斯所受的正式教育并
不正式，而是偶然的意外结果，或者更准确地说
是接触——他接触了世界。家长鼓励詹姆斯多多
体验世界的丰富，也偶尔体验世界的缺憾，并且
运用自然与文化的产物做试验。他父亲希望儿子
愿意在自己身上做试验——关于年轻人成长的可
能性，提出假设，测试，然后观察。

然而，当少年詹姆斯以放弃其他试验为代
价全心投入一项试验时，父亲很快警告他不要过
早缩小自己的关注范围。此事应该发生在 1860
年，也就是詹姆斯一家再次举家前往罗得岛州纽
波特市的时候。因此，威廉得以向威廉·亨特[1]
（无疑是当时最有天赋的美国肖像画家）学习绘
画。老亨利一开始支持儿子的一腔热情，可又提
醒他即便是如此"不平凡的"行当都有可能抑
制他的个人发展。虽然威廉的童年环境不受拘束，
但父亲永远知晓什么是最佳答案。这一次，老亨

---

1. 指 William Morris Hunt（1824—1879），十九世纪中期重要的美
   国画家，师从法国巴比松画派创始人之一让－弗朗索瓦·米勒。

利遇到了阻力。"我不明白,"威廉在 1860 年 8月写信给父亲说,"为什么人的精神文化不应该独立于他的审美活动呢?为什么艺术家在自己身上所感受到的力量会驱使他忘记自我,就像居维叶 [1] 或傅里叶 [2] 受力量驱使所做的那样?" [6]

在提出上述反对意见后,詹姆斯的专业绘画之路仅仅持续了一年。是因为他发现自己的完美主义超过了自己的艺术技法吗?有可能。是因为父亲的非难同时消解了他的意志吗?绝对是。无论如何,詹姆斯在 1861 年离开纽波特时已经多多少少决定了要一辈子从事脑力活动:威廉·詹姆斯生来就是搞科学的料。他评论中所提到的居维叶和傅里叶是杰出的生物学家和物理学家,他们预示了詹姆斯即将踏上的漫漫求索路——和植物学家阿萨·格雷、动物学家路易斯·阿加西斯、数学家本杰明·皮尔斯等美国科学名人一样。老亨利·詹姆斯对这一发展更加满

---

1. Georges Cuvier(1769—1832),法国古生物学者,提出"灾变论",建立了比较解剖学和古生物学。

2. Jean Baptiste Joseph Fourier(1768—1830),法国数学家、物理学家,提出热传导方程,傅里叶级数(即三角级数)以他命名。

意。科学——知识——会使他的儿子获得自由。

∞

如果到这儿听上去像一个关于可怜的富家小男孩的故事的开篇，那便是了。少说也有几分像。詹姆斯被大人们保护得很好，接触不到世界上更残酷的现实，而且得到很多可能的机会去丰富认知。詹姆斯曾经在最简单的字面意义上"被宠爱"。

不过，我们有理由先停下来。詹姆斯被宠坏的青春期、随后发生的真实到令人不安的幻灭以及他心灵的破碎，反映了当代许多特权阶层人士的生活。我谈论的不是凯特·丝蓓（Kate Spade）、玛戈·基德（Margot Kidder）、安东尼·波登（Anthony Bourdain）[1]们（尽管他们的自杀是最近富有戏剧性的、尤为悲惨的事件），而是那些拥有充足的空闲时间去思考人生

---

1. 均为时尚、文艺界知名人士。

或许根本没有意义的人。托马斯·霍布斯认为闲暇是哲学之母或许是对的，但是闲暇也导致一些人病态的抑郁。好像只有当一个人拥有一切时，他才有机会认识到这一切都可能不够重要。在舒适的日常生活中只要有那么一点点扰人的因素，它不过是通过持续地刺激原本堪称完美的存在，就能够带来如此灰暗的认识。用二十世纪法国思想家加缪的话说便是"舞台布景坍塌了"。[7] 从1862 年的春天起，威廉·詹姆斯的"舞台布景"开始"坍塌"。

这一年威廉·莫里斯·亨特（曾担任詹姆斯的绘画导师）创作了《打鼓的小男孩》。一个大约十岁的小男孩背着巨大的行进鼓站在高台上，背对逐渐暗淡的天光，一只胳膊抬得老高，一副准备演奏的模样。高台上刻有一句简短的话，即面向所有身体健全男士的紧急命令："美国志愿者。"随着亚伯拉罕·林肯当选，南方多个州退出联邦，南北战争一触即发。

1862 年，17 岁的加尔斯·威尔金森（"威奇"）·詹姆斯立即响应打鼓的小男孩的号召应征入伍。"参加战争时我 17 岁，我的父母为联邦事业和废除奴隶制付出了很多。"威尔金森后来回忆道，"我是在这样的观念下长大的：奴隶制是个深重的错误。为了摧毁它，我应该尽最大努力，甚至舍弃生命。"[8] 他差点战死在 1863 年的瓦格纳堡战役中，留下了永远不会痊愈的伤。罗伯逊·詹姆斯认为哥哥受伤一事成为他 1864 年 2 月参战的更重要的原因。

威廉·詹姆斯在哪儿呢？对抗发生时他处在从军年龄，而且是家中长子。他同样在一个憎恶奴隶制、崇尚自由权利的家庭中长大，应该也愿意为联邦事业做出最大牺牲。他可能是愿意的。但是他有能力吗？詹姆斯从未入伍。他是他父亲偏宠的男孩，视力不太好、病弱。他在一旁看着自己的弟弟们成为真正的英雄，成为民族眼中的真汉子。拉尔夫·巴顿·佩里，詹姆斯的学生、最宽仁的传记作家，总结道："我在威廉·詹姆斯身上找不到任何可以证明他在十九世纪六十年代进入了成年期的迹象。"[9]

路易斯·梅南指出，南北战争为詹姆斯的

哲学研究提供了背景：宏大的意识形态引发冲突造成的巨大破坏给了詹姆斯和其他实用主义者信心，去塑造一种关于谦逊的、可检验的信念和目标的哲学。[10] 我倾向于认为南北战争对詹姆斯带来的影响更加直接而具有冲击性。他相当无助地目睹自己所爱的人们去打仗，见证人类存在的脆弱的必然性，体验到无力和野心被扼杀的感觉——这是詹姆斯首次表示，他和宇宙中的其他事物一样非但不自由，反而是由命运注定的。

鉴于詹姆斯一家人近乎痴狂地追求自由，那么威廉最终感觉自己彻底没救也实属不可避免。这个年轻人，他全部生活的前提便是对行使自由意志的期盼，他早晚会发现自己做不到。在威尔金森入伍之前的一年，詹姆斯报名就读劳伦斯科学学院[1]，希望在化学其次是生理学方面有所建树。不过，他不可能不去想，自己没有足够的能力在笼罩全国的战争中完成"真正的"建树。直到四十多年后，詹姆斯还在迫切地培养那

---

1. 成立于 1847 年，是哈佛大学工程与应用科学学院的前身之一。

份年轻时未能调动起来的尚武精神。在 1906 年发表的《战争的道德等价物》一文中，詹姆斯坚称"军国主义是人们刚毅理想的伟大守护者，而对刚毅无用的人类生活将是可鄙的。若没有风险、没有对勇者的奖赏，历史的确会变得寥然无味"。[11]

劳伦斯科学学院里没有所谓的"勇者奖章"。在这里，詹姆斯对化学表现出的兴趣被他的老师查尔斯·威廉·艾略特称为"非系统性考察"[12]（詹姆斯一直乐于服用他从孩童时期起就在实验室里例行制作的药水），但是大部分实验的结果不令人满意。那些实验不过是在真实世界的边缘玩耍罢了。我猜詹姆斯有自知之明，因此他在产生厌恶后放弃了化学，转向生理学。詹姆斯开始受到意义消逝和激情耗尽之后剩下之物的引诱——金钱。"要尽快对我的谋生事业做出最后的选择了，我认为这非常重要。"1863 年 11 月，詹姆斯对母亲说。接着，他说道："我现在正站在分岔路口。一条路通向物质享受、奢侈的生活（fleshpots），但那看起来多少要出卖一部分灵魂。另一条路通向精神上的体面和独立，但它和物质贫匮形影不离。"这是在谋生（朝九晚五的生活）和纯粹科学（智识生活）之间做选择。詹姆斯选择折中二者，努力成为一名医生。但我只能猜测这个决定不太坚定。战况仍激烈持续，而詹姆斯置身事外。[13]

∞

许多人纠结是否出卖自己的灵魂。他们可能得到一个不错的报价，但似乎为了获得机会，就得付出极其高昂的代价。极其高昂。詹姆斯明白这一点，他在晚年写道："道德软弱源自对'荣华富贵'（the bitch-goddess SUCCESS）的专一崇拜。用肮脏的金钱来解释'成功'一词是我国国疾。"[14] 这种疾病发展得很慢但很顽固，患者常常甚至意识不到他们已经患病。直至生命的尽头，他们早已记不清自己的道德患病史有多长。到那时既没有解药也没有疗法，无法暂停。只剩下死亡。还有后悔。

当然，人们很难在为了获得奢侈的生活而努力工作的过程中发现问题。一切看起来都那么稀松平常，人们即使面对枯燥乏味的工作也甘之如饴。最后运气好的话，你大可不必辛劳。过去积攒的钱可以生钱。所有事情经由一个奇怪的词"利益"便能实现。你甚至都没怀疑过它。奢侈的生活好像没什么问题，不过也许有一个问题除外。当詹姆斯认真思索自己未来的道路时，他读了德国哲学家叔本华的作品。叔本华指明问题所在："如果凡是提出来的愿望必定能够实现，那么人类如何度过他们的一生？他们该拿他们的时间怎么办？如果这个世界是一片流淌着牛奶和蜂蜜的土地，是所有男孩都轻而易举地找到他的女孩的一个奢华而自在的乐园，那么人类不是无聊至死就是自杀而死。"[15] 叔本华怀疑，在缺少真正的困难的情境下，一些人会自己制造困难——为了避免无聊，他们会直奔危险和痛苦而去。詹姆斯就在其中。

1865 年，詹姆斯中断医学学业，加入了路易斯·阿加西斯的亚马孙考察队。他的身体状况

不足以从军，不过旅游还是可以的。阿加西斯是
詹姆斯在劳伦斯科学学院的老师，也是美国杰出
的动物学家和地质学家。南美之旅得以成行是
由于詹姆斯对生物科学感兴趣的假象，不过这
种假象几乎掩盖了这名 23 岁青年寻求刺激的心
理。这使得这次旅程听起来比它原本的样子更肤
浅。根据詹姆斯的记录，出发之前他对自己说：
"威·詹，在这次远行中，你将学会比现在更深
入地了解你自己和你的资源，回来时你的人格将
得到一定程度的发展和确立。"[16] 这势必是一次
自我发现之旅。詹姆斯在大多数此类旅行中得到
的收获都大于他的预期。

　　显然，詹姆斯寻求一些超出常规的挑战。他
的学生、朋友艾拉·莱曼·卡博特将会对以下三
者做出区分：枯燥乏味的工作，指简单地重复；
有意义的工作，关系到注意力和努力；经验。詹
姆斯想要的是有意义的工作。同时，他想暗自对
抗生存恐惧，在那个战火纷飞的时代许多人都与
之缠斗。

　　在前往亚马孙的途中，詹姆斯从里约热内

卢去信给父母，他非常高兴"这次旅行的糟糕经历快要结束了"。谈到旅行之艰难，詹姆斯的描述里不乏相当大的成就感："噢，可恶的大海！该死的，这么深！没见过大海的人没有资格写'大自然的邪恶'或发表任何关于邪恶的观点。"真的吗？他年幼的弟弟差点死在炮火之下，难道没有资格谈论邪恶？是的，只有这个半吊子水手有资格。现在詹姆斯成了极少数勇者中的一员。他和大海不打不相识，他取得了胜利并且写下"坠入可怕的绝望深渊的经验非常深刻，但没有产生成果。现在我还不能说自己身上产生了什么成果，不过我相信总有一天它会孕育出智慧"。[17]

这不过是一个试图找到自我的年轻人错误的逞强，一种虚张声势；和歌德笔下的浮士德（詹姆斯最喜欢的人物之一）热切盼望获得深刻的体验，召唤出崇高的地球精神，又立马畏缩的情节别无二致。世界只是对他而言太复杂了。到最后因为身体不够强健，詹姆斯的探险家之旅作罢：背痛、病毒性肠胃炎、短暂失明、焦虑和抑郁迫使他缩短行程。去巴西以及二十五岁左右这个阶段，詹姆斯都是在反复失去对健康与环境的控制的过程中度过的。他的自由意志——被父亲精心整理、保护的他个人的决心——失败了。

生理和心理的慢性疾病如同大海一般无穷无尽、不可捉摸，毫不在意人类的计划和欲望。想要抵抗它，几乎没有希望。它会把人拽下去。人一旦进入水下，求生欲带来的呼吸动作会加速他的急速死亡。如果说詹姆斯从阿加西斯的这趟考察中学到了什么，那便是：即便我们对于超越我们的自然环境或野蛮兽性抱有最大的期待，人类的生命还是几乎完全受到我们理解和控制之外的物理强力的支配。

1866 年，詹姆斯回到波士顿继续他的医学业，并且开始细致地学习斯多葛主义者马可·奥勒留。他每天只读两到三页。我承认斯多葛主义有点难以理解。根据"马克"（詹姆斯亲切地喊他）的说法，人由三部分组成：一点血肉、一些气息和被称为"起控制作用的部分"的东西。前两者是脆弱而短暂的：我们的身体和呼吸以一种悲剧的、令人作呕的方式来去匆匆。当存在的日子终结，我们就是一堆注定被碾碎的皮囊。詹姆斯对此深有体会，他刚刚抵御过大海的力量和重病的摧残。"起控制作用的部分"有时候被理解为"理性"。理性是处理人类悲剧境况的应对机制。控制的部分能够面对人类有限性的暗面，让我们的生活适应惨烈的现实。依据斯多葛主义者的描述，这种哲学不是光教你逆来顺受，而是试着协调生活和自然残酷的必然性。一个人成年后，最好是接受自己将有老去、生病、死亡的一天。它们总归要发生的。

1866 年 6 月的一天，詹姆斯写信给比他年轻的朋友托马斯·华德。这位朋友最近遭遇过一轮疾病侵袭。詹姆斯强烈建议他读一读马可·奥勒留：

在我看来，任何人如果能像他（马可·奥勒留）一样把握住对"顺应自然而生活"的爱，即个人意志和自然意志相协调的生活，明白自己服务于自然的庞大机器的某个不被言明的目的，从而愉快地默许自然降临在你身上的任何事——
如果一个人能够做到这一点，要我说，无论人生
境况如何，他都会迎来好景。[18]

　　换句话说，一个人被抛入糟糕的处境，他
的一切都可以被夺走，唯有面对糟糕处境时自由
的应对方式除外。这便是斯多葛主义者的愿望，
也是詹姆斯把它推荐给朋友华德的原因。

　　不过詹姆斯对于成为斯多葛主义者还有一
个小疑问。斯多葛主义非常适合马可·奥勒留统
治时期在罗马帝国生活的人们的心态，以及当时
出现的基督教。但是它不太适应现代科学。

　　斯多葛主义提出假设的前提是，每个人都
由两种基本元素构成：其一是肉体的自我，它受
到自然法则的支配；其二是“控制”精神的自
我（灵魂），它可以决定自然运作的方向。既然
肉体已经注定不自由，那么“控制的部分”多
多少少可以自由地选择要如何回应如此不幸的处
境。十九世纪六十年代末，詹姆斯进入了这样的
知识文化环境：人们开始质疑现有的支持双重人

格观的宗教框架。如果"灵魂"不存在会怎样？斯多葛主义者声称的非常重要的"控制的部分"又是什么？

随着詹姆斯对自然科学（尤其是生物学和心理学）学习的深入，他开始遇到一些认为人是由一点血肉、一些气息（到此为止）构成的思想家。这样一来，人生就是完全被自然所决定的一场漫长而无意义的悲剧和苦难。这一想法成了后来詹姆斯提出的"决定论（determinism）的两难"的萌芽。十九世纪六十年代末，决定论的两难发展为一次危及他生命的危机。

∞

一般来说，决定论的概念以下述方式出现。假设有人问你一个看似无伤大雅的问题："你相信科学吗？"詹姆斯肯定相信，那我假定你和他一样。现在，假设你相信科学，那么你应该也相信因果关系。因果关系原则是指世上所有的事件和意外都能追溯到致使它们发生的特定原因。用以认可成因的理由既有理性的方面，也有十分个人化的方面。这条原则让人们理解世上的变化，并且认可人们的行动会起到作用。

如果你不接受因果关系——有关原因与结果的根本规则，那么你大概认为宇宙只是杂乱无章的一团混沌。所以，我就当作你在一定程度上承认某种形式的因果关系。为了继续论证下去，我假设你接受一种非常基础的哲学立场，叫作"充足理由律"。它的含义是，任何事物都有它成为这样而不是那样的理由。这很说得通，对吗？这意味着所有事物都能被其成因所解释。

我们可以看到，充足理由律以一种比较显著、不容置喙的方式对我们理解自然世界产生作用。如果想要搞清楚阿加西斯的考察船是如何抵达巴西的，我们可以得到有关流体力学、推理、气流、水流等一系列精确的描述，用来解释它们的动向——某种大自然的法则支配着它们，把它们从这儿带到那儿。自然界中的事物不止有一两个成因，相反，它们在世上的存在和现状有着无限的成因。

沿着这条思路只要走得够远，你终会走到决定论。决定论认为从任一时间点看既存事态，它未来的走向都是确定的，或者说是固定的、符合自然法则的。世界一如既往，并将一以贯之。1884年詹姆斯描述了自己的决定论立场：

决定论声称宇宙中的一部分完全服从另一部分的安排和命令。"未来"的可能性在它的母胎中就已明确；我们称为"现在"的部分属于那唯一的整体。任何其他不属于来自永恒的、已固定好的未来的补充物都是不可能的。整体存在于每一个部分，并将每一个部分和其他部分焊接起来，变成一个绝对的统一体、一个铁块，其中没有一点儿模糊或转动的影子 [1]。[19]

乍一看，这好像是西方哲学史上一个老生常谈的论述。的确，从基督教诞生到1800年的

---

1. no shadow of turning，语出《新约·雅各书》（CUV）："各样美善的恩赐和各样全备的赏赐都是从上头来的，从众光之父那里降下来的，在他并没有改变，也没有转动的影儿。"（1:17）。

近两千年里都是如此。所以，事物有成因，那又如何？人不同于物，人有灵魂有思想，还有做自己想做的事的自由意志。不过到了1860年，就在詹姆斯小心翼翼地探索哲学的时候，该论述的说法变了。人们围绕决定论展开的辩论变得非常有趣且令人困扰。

随着1859年达尔文发表《物种起源》，一种异端思想在欧美哲学界影响广泛：人类只是动物——极其聪明的动物，但依旧只是动物。达尔文曾回避清晰地阐述这一结论，但许多理论家认为，这是达尔文的进化论中必然暗示的。最起码在达尔文之后，人们不得不搞清楚他的理论的意义，以及他的理论最终指向何方。1911年，约西亚·罗伊斯[1]（詹姆斯的朋友、同学）称詹姆斯领导了一群"第二代"进化论思想家，他们致力于扩展和评估一种用来理解人性的真正的新方法。[20]

---

1. Josiah Royce(1855—1916)，在唯心主义哲学方面有独创性贡献，是标志着美国哲学走向成熟的著名哲学家之一，也是威廉·詹姆斯的哈佛教席的接替者。中文世界常译作"鲁一士"。

比较解剖学专家托马斯·赫胥黎是达尔文最勇猛的支持者，1863年发表《人类在自然界的位置》。书中概述，人类和猿猴存在近亲关系。过去的哲学家们抱有一种优越的观念，认为人类以外的动物完完全全受到自然法则的支配，而人类不同，人类尚有自由。赫胥黎把他的读者从这种认知中唤醒了。

1865年，23岁的詹姆斯在《北美评论》上发表了他的第一篇评论文章，内容是关于赫胥黎的《比较解剖学原理讲义》。詹姆斯欣赏赫胥黎维护科学事实的勇气；称赞他坚持"生命（包括人类生命）现象的观点，这种观点使科学事实得以出自物质的一般规律，而非出自一般规律应用于不同事件时的某种个体化原则"。也就是说，詹姆斯同意赫胥黎的看法：人类和其他动物一样被自然法则支配。詹姆斯支持达尔文主义的假说，但这并不意味着詹姆斯像其他达尔文主义者一样害怕那个结论。他认为赫胥黎的观点"起码是无神论倾向的假说，而且它的进步对一些卓越人士而言是有分量的警示"。[21] 而对于詹姆斯而言，更大的警示在于赫胥黎的唯物主义在因果决定论的边缘徘徊，使自由意志岌岌可危。这一点给了年轻的詹姆斯重重一击。他只好去弄清楚人类的自由如何与进化论的结果相吻合，尽管进化论似乎基本没有争议。

∞

十九世纪六十年代中期，詹姆斯经常动摇。他在 1867 年再次中断医学学业，这次不是为了探险。他的健康状况急剧下滑，视力下降、头痛和反胃让学习变得不可能。另外，由于病因不明的背部虚弱症状（他称"背部状况"），这名 25 岁的青年经常无法坐直或走路。他不能移动，受困于此，丧失能力——彻底不自由。

在父亲的支持下，詹姆斯启程去德国，表面上看是为了去著名的心理实验室工作，但主要是寄希望于在柏林城外的温泉疗养地找到治疗病痛的办法。到了九月，詹姆斯从德累斯顿写信给老亨利·詹姆斯，说当地的水疗没有效果：他在考虑自杀，承认"我的绝大部分思绪都被手枪、匕首和毒药霸占了，我开始想我有必要做出一些改变，即使是危险的改变"。[22]

即便是危险的、自我毁灭式的改变，也比因行动不便而受苦要好。比起无能为力的窘境，至少自杀是一个明确的行动，一件詹姆斯真正可以"去做"的事。叔本华的幽灵还在詹姆斯的头脑中游荡，提醒读者们："人们说自杀是最懦弱的行为……自杀是错的；很显然，世界上没有什么比每个人自己的生命权和人身权更加不可动摇。"[23] 我们大可以不把自杀视为一种放手，而是对失控的生活宣示主权。取得控制——这正是詹姆斯想要的。他渴望获得一种自己的意志发挥因果效应的感觉，哪怕只有一点点。因此詹姆斯想控制死亡，这似乎是生命中最不可或缺的方面，是这个可悲笑话的愚蠢的终点线，是人类存在从一开始就注定的环节。

根据《精神障碍诊断与统计手册》（DSM-5，2013 年），产生自杀的念头是精神障碍的明显迹象之一。同时代的另一个詹姆斯，弗里德里希·尼采会表示反对。审慎地思考自杀，思考其可能性和意义，对于一些人来说是一种摆脱存在的无序、让自己的头脑恢复正常的方式。1886年尼采在《善恶的彼岸》中断言："自杀的念头是一种极大的宽慰，人们借此度过无数辗转反侧的夜晚。"[24] 我们至少可以从两方面理解这种宽慰。

用马丁·布伯的话说，自杀可以作为"天井"或逃生舱出现。当生活不堪忍受，天井的存在能够使人平静——"如果情况变得完全无望、确实难以承受，"我会说，"我压根不必承受这一切。应急滑梯就在那里，我可以随时逃生。"[25]"不存在"的奇异平静感总是吸引着人们，人们一边保有自杀的选择，一边在非常混乱、单调、压抑的环境下费力求生。

认真思考自杀可能带来宽慰效果的另一个比较传统的原因是：当我们的生活失控，变得过于混乱或压抑时，我们会受到自杀念头的诱惑，因为它意味着我们终究可以通过结束自己的生命来控制局面。自杀式角色扮演（我们将会看到，詹姆斯喜欢服用各种类型的致命化学品）、多次计划落空以及不断的心理作用可能给人一种信心，即一个人仍有能力代表他或她自己采取行动，准确地做出一个自由选择的行为。这种能力太不可思议了。詹姆斯写信给他的父亲时，他正在认真思考这种皮洛士式[1]自杀：他只有在最高风险处孤注一掷才能赢得实现自由的机会。要说明一点，这种变化不是"必要"的。相反，它的"必要性"只有在詹姆斯急需以他自己的名义实现它时才体现出来。他需要做一个重要的决定。它（自杀）是必要的——仅对他而言。

无论是天井还是皮洛士式胜利，对于詹姆斯所处的不受他控制且不出自他选择的状况来说，自杀都是一种可能的回应。对生活及其前景的绝望成为重负，使疾病、焦虑、孤独和不确定性达到顶点。阅读赫胥黎、达尔文、赫伯特·斯宾塞都没有用。阅读他们不过是让他更加肯定

---

1. 公元前 279 年，伊庇鲁斯国王皮洛士率军与罗马军队作战（史称"阿斯库路姆战役"）。罗马损失六千人。伊庇鲁斯虽然获胜，但损失良将及士兵三千五百余人，元气大伤。

他根本无法实现信奉神秘主义的父亲曾经达到的"解放境况"，人类的生活不可能超越注定的处境。

在不断和决定论的想法作斗争的过程中，他慢慢地认识到了一点，原话是"决定论的难题在于对偶然性观念的反感"。那种认为宇宙提供各种可能性——或重要的偶然事件——的信念扰乱了决定论者们宣誓恪守的因果法则。这种混乱令决定论者难以忍受。据此，詹姆斯写道："偶然性观念是世上所有理智的人一秒都无法容忍的东西。"[26] 然而，年轻的詹姆斯无法容忍的是一个缺少偶然性的世界导致的悲观主义和宿命论（fatalism）。

∞

决定论拒绝承认可能性，这一点既破坏了自由意志的价值，也使所有道德判断力失效。可别忘了，对于决定论者来说所有事，即使是道德败坏或极其邪恶的事也不可能是别的样子。拿最恐怖的杀人或穷凶极恶的犯罪来说——是犯罪者意欲如此吗？他或她在这件事上真的有选择权吗？他或她是否可能避免成为一名犯罪者？决定论者的回答是否定的。在这种情况下，自责、后悔和道德上的罪感几乎毫无意义。人们没必要为事情可能是的样子或其应该是的样子担忧。因为"应该"这个词意味着一个人拥有不同的选择，而决定论者绝不接受这个假设。至于宇宙嘛，决定论者认为"它是其所是"，仅此而已。人无力改变它，可以说是没有一点可能。如果这种哲学立场让你深感不适，你并不孤单。詹姆斯同样憎恶它，不过他在十九世纪七十年代早期被决定论世界观给吓傻了，脑袋一片混沌。决定论很适合他学的实证科学和自然界中的因果关系，而且更直接地、完美到近乎不真实地解释了他个人的精神状态。

詹姆斯彻底萎靡了，无可救药，但他曾在大部分情况下努力对亲友隐瞒抑郁症状。数十年后，他在《宗教经验种种》中描述"生病的灵魂"时仍然试图掩盖自己正是其中一员的事实，并且伪造了一份"来自法国的报告"。直到后来詹姆斯的儿子亨利透露说，该内容就是父亲本人严重病情的真实写照。詹姆斯是这样写的："那时我处于这种哲学上的悲观状态，对自己的前途抱有普遍的抑郁之情。有一天晚上，我在暮色中走进更衣室想拿些放在那里的东西，突然之间没来由地感到一股对自身存在的强烈恐惧，就像从黑暗中冒出来的一样。"[27] 与此同时，詹姆斯的眼前出现了一个他在精神病院里遇到过的癫痫患者的幽影。那人黑头发，皮肤泛绿色，双膝提至胸前，坐在一条长椅上"就像埃及猫的雕像或秘鲁木乃伊一样，全身一动不动，除了他的黑眼睛"。[28]

癫痫是一种慢性疾病。它带来的影响可能会暂时消失，但它始终在那儿，等待着。它的成因是个谜，但我们很清楚它的症状——反复剧烈地抽动，这将破坏罹病者的身体并控制患者的全部存在。癫痫患者是决定论作用于人身上的形式。詹姆斯看了看那个弓着背的形象后马上得出结论："我就是那个样子。"[29] "我所拥有的一切中没有一样，"他继续说，"能够帮我阻挡那命运。命运的时刻早晚会打击我，就像打击他一样。"这份觉悟不仅仅是一时之念，而是长久地影响着这个生病灵魂的一生。詹姆斯自陈："我每天早上醒来都觉得胃里头有种极度的恐怖……这种感觉逐渐消失了，但是几个月后，我又没法独自走进黑暗。"[30]

在法国存在主义哲学席卷欧洲之前近一百年，威廉·詹姆斯就以其中最尖锐的形式阐明了存在焦虑。恶心——要不是和沉浸在乐观主义中的剑桥周遭环境形成如此鲜明的对比，那么詹姆斯体验到的恶心就不会让他元气大伤。"我总是琢磨，"他写道，"别人是怎么活下来的，我又是怎么活到现在的？生活危如累卵，我们岂能不知？"[31]

二十世纪时，让-保罗·萨特经常阅读詹姆斯的著作，他在《恶心》中写下这样的话："站在这些愉快的、理智的声音当中，我不属于他们。他们所有人都愉快地把时间花在解释事物、认清事物上，以表明他们同意其他人。我的老天啊，所有人心往一处想有那么重要吗？"[32]

每日生活的常态只会加重生病灵魂的疏离感，让他们对于整个存在信念的感受变得更糟。用詹姆斯的话说，对于生病灵魂"或者我们所称的不健全心态者"来说，"健全心态者之单纯、简单，似乎盲目、浅薄到难以描述的地步"。[33]

∞

我们应该清楚，詹姆斯讨论生病的灵魂不是为了困扰他的读者。他的目的绝非引起存在焦虑或不健全心态。他知道很多健全心态者从未体验过他面对的无力和绝望。这样很好。他们是真正的幸运儿，是"一度降生"之人，他们自打出生起便准备好了拥抱世界。[34]而詹姆斯想要研究、描述的是另一种范围更广的个体，他们有着不同的哲学观和不同的心理习性。在做这项工作，即阐明不同的态度和道德品质时，詹姆斯请求大家"注意，我并未打算对任何一种态度做最终判断。我只是在描述它们的差异"。[35]对那些健全心态者来说，詹姆斯笔下的生病灵魂为他们提供了他们生活的这个世界的另一副面貌。对和他一样的生病灵魂来说，事实证明他们并非独自受苦。他们共同拥有一个悲惨的伙伴：詹姆斯。

第二章

———

自由和生活

生活是艰难的，人们不得不奔波劳碌、遭受痛苦。仅这一事实，就能让人变得彻底泄气。在地球上生活的境况向来如此，我们可以忍受下去。

　　——威廉·詹姆斯，《战争的道德等价物》

　　（*The Moral Equivalent of War*），1906 年

詹姆斯和其他一些十九世纪晚期的美国思想家一样，预测未来社会将迎来长期的存在的幻灭。人们认为，他处在一个本该乐观向上的年纪（无异于现在的我们），即将登上启蒙和快乐的高峰。但是詹姆斯知道，有些聪明的人认为乐观（以及启蒙）是假象，他们对此感到忧郁（melancholy）——我们只能把它叫作"快感缺失症"，或者"失去感知愉悦的能力"。后来詹姆斯在描述长期抑郁症（depression）时，会仔细回顾 1867 年亚马孙之旅中使人生跌落谷底的海上游弋的经历。他写道："久病会让大多数人陷入一时的快感缺失症。去想象一切美好的事物，无论天上的还是地上的，他们都只会因为感到恶心而抗拒。"[1]

让我们忠于事实：现实被绝望击穿。看看你周围吧。如果你深入地看，就会发现苦难不是例外而是常态。灵魂生病者则喜欢看得非常非常深入。他们发现，拥有更为健全心态的人们想要忽视一点，即无论是人类还是其他生物的生命，似乎真的都是命中注定的，而不是邦葛罗斯式的"可能世界中最好的一个"[1]。詹姆斯解释道，末日危机是写入了人类史前时代的："博物馆里所有头骨标本的牙齿，无一不在古代的长时间里每天死死咬住一些注定绝望地挣扎身体的活物。"[2]这就是达尔文的适者生存论的道德和明显的言外之意：弱者是会死的，而且最终如果时间够长，每一个生命都会变成弱者。詹姆斯提出，如果我们环顾周围，这个观念就会向我们展示出强烈的对比：

在这儿，在我们的壁炉边、花园内，凶残的猫玩弄着气喘吁吁的老鼠，或是抓住还温热

---

1. 伏尔泰小说《老实人》中的哲学导师邦葛罗斯，无论亲眼见到了多少苦难、罪恶，都鼓吹当下的世界已经是最好、最完美的。

的、扑腾着的鸟往嘴里塞。鳄鱼、响尾蛇和巨蟒的躯壳此刻和我们一样真实，它们挨延生命的每天、每分钟里都充塞着它们令人恶心的存在，而且，每当它们或其他野兽生擒猎物时，惶恐不安的忧郁病患者所感受的那种致命恐怖是对该场景的真切反应。[3]

詹姆斯用词非常谨慎，"致命恐怖"。不错，它能够驱使一个人从高处纵身跃下，又或是自挂屋椽。忧郁病患者是有可能苟活下去的，不过根据詹姆斯的说法，当一个人跌入谷底时，他需要一次彻底的转变。为了继续忍耐存在的恐怖，生病灵魂必须"二度降生"，这么做是为了爱上或至少为了承受生活中的种种行为。

∞

我有时候好奇——不是作为学术研究——精神的复活何以发生，它如何在像我这样的人的身上出现。是否仅仅意味着只有潜至一定深度的绝望，精神才能重新向上发展？也就是说，生病灵魂必须"触底反弹"？一定有某种此类逻辑在其中吧。但是我必须坦白：关于生病灵魂重生的真相，我没有任何头绪。我没法有条理地阐明。因为我觉得这不是一种能够被详尽描述的体验。重生可能就像"第二个风口"；据传，詹姆斯曾说"大多数人在第一个风口上跑得不够远，以至于没发现会有第二阵助力他们的风"。[4] 情况也有可能比这极端多了。

美国环保人士约翰·穆尔是詹姆斯的同时代人，他讲述的一段攀登落基山脉的经历帮助我想象生病灵魂二度降生的画面：当一个人步入绝无可能的绝境时，一切却突然变得有可能了。"爬到离山顶大约一半距离的地方时，"穆尔回忆道，"我突然筋疲力尽地停下来，双臂张开，紧紧贴住岩石的表面，手脚都无法向上或向下移动。"这是个生死存亡的关口。穆尔说：

我死定了。我肯定会摔下去的。刚开始会有点蒙，接着是毫无生气的轰隆声，从一面悬

崖落到底下的冰川上。当最后的危险在我眼前
闪现时，我自踏上这座山以来第一次紧张得颤
抖，我的头脑中充斥着令人窒息的泡影。[5]

我们估计穆尔会死于这次可怕的意外事故。
他也非常肯定，没有除此之外的可能——"死
定了"，黑暗笼罩。但后来这位陷入在这宿命当
中的登山者被拯救了。穆尔的原话是："绝望感
只持续了一小会儿……我的感觉似乎焕然一新。
我的另一个自己——本能，或守护天使，你想怎
么称呼它都行——走上前来试图掌控状况。"我
们不清楚是什么、是谁促成拯救，但是穆尔证明
了他因为一种全新的、充盈的力量从悬崖边幸
存。

我颤抖的肌肉重新变得坚实，岩石上每一道
裂缝和纹路都像被放大镜放大了一样明晰。我排
除杂念，四肢精准而自信地移动。如果在高空中
是翅膀将我托起，那么我的拯救将完美到不能更
完美。[6]

以世俗眼光来看，大多数人不会相信是天使拯救了穆尔，但是他们可以接受的说法是：濒死能激发出意想不到的强大的求生动力。正是在严重的危机，甚至是自杀式的黑暗危机中，他发掘了自己未开发的资源。如果你正在经受死亡的折磨，活着看起来就没那么糟糕了。当然，能否复活没有保证，可是穆尔的事迹说明在灾难面前获得重生并非不可能或荒唐之事。这是一个机会。确实有不少从高处跌落自杀失败的人报告说，当他们的双手松开桥梁钢架或是阳台护栏时，悔恨之情夹杂在大量狂乱的求生欲之中一齐喷涌而出。只有在终结显露出不可更改之势时，他们才找到活下去的勇气。

威廉·詹姆斯的重生发生在1870年春。我们无从得知具体的日期，不过他1870年4月30日的日记记录了那次经历。"我想我昨天遭遇了人生危机。看完了勒努维耶的第二篇《随笔》，我不明白为什么他对自由意志的定义（即有别的路可以选，我却选了这条路）需要被视为一种幻觉。"[7] 法国思想家夏尔·勒努维耶很难用今天的标准说是"哲学家"：因为他没有学术职位；躲避正式的学术训练（对于他接受过的一小部分学术训练，他说"什么都学不到"）；他虽然多产，但不稳定。他大半辈子都在隐居，可是极少有十九世纪的思想家对美国实用主义的发展的影响像他一样深刻。他启发了查尔斯·桑德斯·皮尔士（詹姆斯的终身友人）发展出一种关于机会的学说——偶成论（tychism）。勒努维耶在詹姆斯一生中扮演的角色则更具戏剧性——他救了詹姆斯的命。拉尔夫·巴顿·佩里的话是对的："勒努维耶对于詹姆斯思想的影响至深，可谓独一无二。"[8]

勒努维耶在巴黎的中央公共工程学院[1]念书时，实证主义者奥古斯特·孔德正在该校数学系做讲师。孔德为决定论辩护的努力程度只有赫胥黎比得上。实证主义者认为，哲学的关键——实际上是生活的关键——在于完全根据物理事实获得客观的确定性。可观察到的事实是一个人能做

---

1. 今巴黎综合理工学院。

的全部，因此也是人们需要了解的全部。实证主义者把意义、价值和心理学的问题大体上抛之脑后了。这些东西不可能量化，故而极为模糊。倒不如只仰仗有科学作为支持的真理。不幸的是，这意味着对于勒努维耶这类思想家来说，人类最重要的概念和想法都被忽视了，比如自由意志。

詹姆斯的开悟很有可能发生在读到勒努维耶《随笔》中标题叫"论自由本身"的一节时。这位法国人认为，无论是在形而上学的随机性的意义上，还是在自由选择的意义上，机会都"不可能被世界上的具体事务排除在外"。勒努维耶写道，个体的意志"可以中断机械序列的逻辑连贯，并且成为另一连串现象的初始因"。[9] 这就定义了什么是自由的行动。詹姆斯正打算第一次尝试。在读勒努维耶的过程中，詹姆斯认识到只在理智的层面上信仰自由意志是远远不够的。为了真正掌握《随笔》的要旨，一次行动或一次任务必不可少。对自由意志的主张可能存在证据，但是它的正当性和可靠性只能通过生命活动反映出来。读了第二篇《随笔》后，詹姆斯决心去做点什么。"我向自由意志迈出的第一步，"
他坚定地说，"就是去相信自由意志。"[10]立下
宣言的同时，詹姆斯得以重生，他的人生也逐
渐　　间歇性地——发生转变了。

∞

1871 年，詹姆斯再次捡起科学研究，并且
参与亨利·鲍迪奇为哈佛医学院创立实验心理学
的倡议。你们应该记得吧，鲍迪奇就是那个两年
前倾听詹姆斯"厌恶人生"[1]的好友。现在的詹姆
斯可不同以往了。1872 年 4 月，哈佛学院非正
式地邀请他给本科生上比较解剖学和生理学课
程，他同意了。成年人的俗事——诸如支付账单、
支持家人、出卖灵魂——是詹姆斯考虑接受这个
讲师职位的部分原因，但它们都不是决定性的，
甚至不是最重要的因素。教书将是他的天职。在
勒努维耶的帮助下，他站到了自由地回应天职召

1. 见"前言"。

唤的位置上。他会教授生理学，不过这个学科在十九世纪很快通向心理学和哲学。未来，詹姆斯在哈佛游走于这三个领域将近四十年。让他感觉最舒适的领域还是哲学。正如他 1873 年写的："然而，我将哲学视为我的天职，绝不放过任何一个和它亲密接触的机会。"[11]

詹姆斯欣然投身哲学，很大程度上得益于勒努维耶——是他展示了投身哲学的价值。詹姆斯在众多笔记中的一则里对勒努维耶说："谢谢你，我第一次得到一个可知的、合理的自由的概念。我几乎完全接受它。"他的感激之情不光停留在私人领域，更是流露在 1873 年《国家报》的一则告示中。他在文中称赞勒努维耶的《哲学批判》与实证主义、某些形式的英国经验主义的立场形成鲜明对比。这篇鲜为人知的文章中有一句话引人注目，詹姆斯说，它"坚信全新的开始或者说自由意志是可能的"。[12] 这年三月，詹姆斯住进他父亲的房子，并证实了自己的"全新开始"："我呀我！现在的我和去年春天的我差别多大啊！那时候的我那么忧郁，而现在的我神清气爽。这是生死之差。"[13]

这些都是真的。可是当抑郁症患者目睹甚至亲身体验到顺境，他的内心会产生强烈的猜疑。"这不可能是真的。这种慢性的不适感已经缠绕我多年了，不可能就这么结束。顺境不会维持很久的。最坏的情况是，这说明一切都已急转直下——顺境完全是我幻想出来的。"对于一个总是郁郁寡欢的人而言，情绪好转比持久的悲伤来得更令人不安。顺境不仅意味着脱离常态，更糟糕的是意味着一切都会在某个不久之后的未知时刻恢复原状。"那个我会回来，迟早的事，我是指那个糟糕的我。"二度降生的危险就在于此：不得不再次死亡的前景始终存在。

1873 年五月，詹姆斯的情况又恶化了。你重生了，但不意味着你不会偶尔（再次）想死。据勒努维耶的说法，自由意志存在某种因果效应，这或许是对的；但是詹姆斯觉得自己"只是一个大部分烦恼都源于神经衰弱、一直以来极其渴求镇静状态的人"[14]。神经紧绷的詹姆斯渴望得到的正是失眠者求之不得的一场安眠。该学期他在哈佛教导 57 名学生，他讲课的名声越来越大，听众数量可能扩大至两倍，那样的场面他铁定应付不来。他无法承受。

他写信给当时在海外的弟弟亨利，请他后面几个月帮忙寻找一位能在意大利照顾他的学生或资助者。一个治愈的冬季——这正是詹姆斯想要回到正轨所需要的，让他从"美国的惨淡状况"[15] 中喘口气。情况逐渐证实，这一次他是对的：虽然花了一年时间在欧洲度假，但是詹姆斯找回了自己的情感立足点。

∞

从哲学的角度上看，詹姆斯对勒努维耶的探索以及他成功地修复自由意志的经历尤为可疑。你可以仅仅通过训练自己的自由意志，就相信自己的自由意志吗？这种哲学拔靴 1 看起来要

---

1. Bootstrapping：拔靴法、自助抽样法。原意为"某人拉着自己的靴子提环把自己提起来"，延伸为自我引导、自我完善的倾向，或参照自身来检验可靠性的推理方法。

么是自欺欺人，要么会恶性循环。然而在十九世纪七十年代中期，詹姆斯开始思考这样一种可能性：人类理性并非如同传统所认为的那样被逻辑的铁律牢牢拴住。实际上，特定的信念不能只靠推理或经验证实，而生活总要求我们对它们一视同仁。对于詹姆斯来说，相信自由意志或许在逻辑上不够可靠，但它具有实践价值。这一价值与他难得地主张"我是自由的"的真理价值不可分割。

　　先别急着为詹姆斯反复无常的真理观而恼怒，花一点时间想想，你认为有哪些真理是不言自明的？我是指你个人的，极大地巩固着你和他人、和世界的关系的真理。它们是否得到了详尽证实或证伪？你真的能够肯定，并以此赋予该信念合法性吗？那些你珍视的对世界的看法是客观准确的吗？对此，詹姆斯给出否定的答案。通常，驱使我们行动的是我们的指导思想——有效的逻辑前提或计划做出有意义的动作。这些指导思想有明确的目标，在我们的人生中起到实际的作用。这不是说信念"只是一种观点"的意思，虽然它的确渗透在我们的日常的种种观点之中，而是表明理性或智力是一种创造和维持我们思想的生成力量。他在十九世纪七十年代末写成的《理性的情感》一文中说："我们假装不了，当我们形成自己的哲学观点时，我们整个内在精神都在工作。理性、意志、审美、激情，它们同心协力，就像在现实世界中做实际工作时一样。"[16] 心灵并非设置在身体上的计算机，也不是无情地拿捏着我们的情感和喜好的计算器。就像尼采在《快乐的科学》前言中所说的，"我们既不是会思想的青蛙，也不是内部构造冰冷而客观的记录仪"。[17]

　　三十多岁的詹姆斯总算步入成熟，他得出的结论既源于个人经验又经过理性考量：人类心灵的工作总是充满态度、个性和武断——人们一直以来都认为这些人性中自我的方面根本不同于人类的理性力量。1875 年他回到鲍迪奇的哈佛解剖实验室，开始研究心灵在多大程度上是"具体化的"，它离不开身体的鲜活体验——激情和情感。每当我们"转变想法"，都不只是单纯地被理性之光所指引，而是整个人都改变了。用詹姆斯的话说，就是"我们的整个内在"改变了。同样的情况也发生在人们"下定决心"确认那些真正事关自己如何生活、成为怎样的人的信念和核心价值的时候。上一次，詹姆斯借助勒努维耶的力量找到了信念和核心价值。而在 1876 年得益于一位名为爱丽丝·豪·吉本斯的女性，他更进一步。

坠入爱河和相信自由意志存在之间有共同点。比如，它们都很激进，都会改变人生，都要在经验中证实或证伪它们的假说；它们都涉及一种信念，即一个人在最初的行动中必须抱有（基本上是盲目的）信心。正如一个朋友告诉我说，恋爱啊，从一开始就需要一定程度的自我麻醉，好像你了解对方的"一切事实"，可是事实上你不懂。

詹姆斯倒不清楚关于爱丽丝·豪·吉本斯的一切事实，但在 1876 年春天和她见面之前听到的传闻令他产生憧憬。老亨利在当年早些时候第一次在波士顿激进俱乐部遇到爱丽丝，接着他回到位于昆西街 20 号的家，向一家人宣布他结识了詹姆斯未来的妻子。他的儿子非常想见见这位传闻中的女士。诗人约翰·格林利夫·惠蒂埃说，爱丽丝·吉本斯是个典型的"美国女孩"，"在欧洲生活过许多年，却没被同化"。[18]吉本斯是新世界的人：不循规守矩，甚至表现激进。在她身上，你能看到内战之后的几十年里的社会意识和越来越多波士顿名流的内在志趣。这位看起来安静、忧郁的年轻女士实际上和詹姆斯一样对自由着迷。对于三十多岁的詹姆斯，自由是具有开拓意义的自立以及"从头开始的可能性"；相对而言，爱丽丝的想法更为谦恭，或许也更为实际。她着重关注在美国生活的人们获得自由的机会，这个社会仍然广泛地压迫和忽视工人、少数族裔、妇女和儿童。爱丽丝对社会的关怀、对政治的热心打动了老亨利。他发现爱丽丝和他的长子詹姆斯有着"相近的灵魂"（adjacent soul，十九世纪作家们爱用的词），她与激进个人主义形成完美的互补，这一点会引起学习过勒努维耶思想的威廉·詹姆斯的兴趣。

父亲相信爱丽丝和詹姆斯是天造地设的一

对，于是承诺只要儿子娶她，就给儿子提供长期的经济资助。詹姆斯从中得到了动力。然而这份期许只说明他们的关系中存在太多决定性因素。1876年上半年，詹姆斯和爱丽丝经由两人共同的朋友和导师托马斯·戴维森介绍在激进俱乐部相识。这位信奉亚里士多德主义的苏格兰哲学家的美名不在于写作或研究方面，而是教学质量。詹姆斯很快就被爱丽丝迷倒了，直到1876年9月，他的爱越来越深：

亲爱的吉本斯小姐，

　　要用接下来的方式惊动不知情的你，就像是一种犯罪。但是，这七个礼拜的失眠压倒了我的犹豫，而且我尽我所能认真考虑了这件事。现在宣告这一切虽然似乎有点早，但这已经是让我负罪感最少的办法了。说来唐突：我恋爱了，也就是说（原谅我吧），我爱上了你。[19]

　　今天，人们通常会把爱的宣言当作一场永恒浪漫的开场白。一旦迈出第一步，是否接受表

白的决定权就在被告白的人手中，而告白的一方
只需要等待回应。然而，詹姆斯不肯忍受被动，
他任性地向爱丽丝说："我的目标很明确——就
是娶你，如果可以的话。"[20] 现在，他需要从她
那里得到的是一句正式的应允。"我现在请求你，
你应该明确地告诉我，有什么绝对不可扫除的障
碍，让这件事实现不了？"这绝对不是一个人坠
入爱河最性感的方式——实际上一点都不像"坠
入爱河"——但是，这是詹姆斯唯一懂得的方式。
他必须欲求它，然后努力争取它，最后赢得它。

爱丽丝是个具有冒险精神的人——她几乎
渴望冒险。写下这封信之后的几个月里，詹姆斯
以他的典型手段把自己和爱丽丝都逼入了困境。
一个人不断地怀疑自由意志的效力，从而使自毁
成为一种检验意志力的手段。就好像他面临一场
真正的斗争，以证明（更多是向他自己而非旁
人证明）他们的结合是自由选择的结果。詹姆斯
已经在很长的人生中相信自己的性子不适合结
婚。他太孱弱、意志不坚定，无法做一个好伴侣。
连他都无法忍受自己的话，如何要求别人长久地

忍受他？这些自我怀疑在婚姻危机中成倍增加，变得更加严重。詹姆斯赢得芳心后，试图说服爱丽丝自己不是一个值得携手相伴的人。他写信说，他可以提供"一堆做梦也想不到的理由，用来反对她接受他提出的任何邀请"。[21] 爱丽丝无视他的警告，仍决定接受他的求婚。詹姆斯在结束了几场错误开局后，于1878年5月宣布订婚。

有些生病的灵魂永远走不到这一步。我们出于选择或者意外，又或者出于硬件条件不足而不能订婚。我们可能害怕说"不"；可能对自己痴迷的东西和自己的缺点过分执着，从而忽视了邻居、朋友，以及任何可能和我们相爱的人；可能根本不相信有人会爱上自己；可能拒绝加入一个永远不会向我们发出邀请的俱乐部；也可能像詹姆斯一样把这些想法全部嘲弄一番。对于我们之中的一些人而言，克服它们仍是一个人生课题。

∞

在认识爱丽丝二十周年之际，詹姆斯发表

了被很多人认为是他最著名的演讲《信念意志》（或译《信仰的意志》）。这篇演讲于 1896 年 6 月在耶鲁神学院发表，人们常常把它理解为自愿皈依的论证，属于宗教哲学领域的贡献。詹姆斯提出，当实证不足以证明神的实在，我们仍可通过意愿相信，这一举动不会违反理性的规定。信念本身就可以极大地改变信念者的世界，并且随着时间的推移得到证明。当一个人信上帝，即便还没有得到充分的证明（毕竟我们当中有几个人真的手握充足证据？），他或她的现实会引导自身更加欣然地走向宗教经验。

《信念意志》的评论经常忽视一个让美国哲学适用于维护有意义的人际关系（生病灵魂的世界缺乏这种关系）的关键。那就是詹姆斯和爱丽丝之间的这种关系，他直白地表达了他二十年不变的爱。他赞同帕斯卡尔对上帝存在、信仰等问题的看法（"心有其理，而理所不知"），但他认为这个问题绝不仅限于神学。而且对于无神论者而言，这些问题也会在实践领域屡屡浮现，比如道德、人际交往方面。在《信念意志》的结语部分，詹姆斯说道，虽然不是人人都关心宗教、道德问题，但有一个非常基本的问题对绝大部分人都很重要："你喜不喜欢我？"詹姆斯也曾迫不及待地想知道爱丽丝的回答。事实上，这个问题很大程度上决定了人类社会的基础，并且无法以任何先验的或充分的方式回答。但时间意义非凡。一个人必须在他真正知道答案之前就采取行动。歌德是詹姆斯的文学偶像之一，他的表述最好："你能做什么，或梦想做什么，开始做吧。勇气之中有天赋、力量和魔法。"[22] 回看当初詹姆斯和爱丽丝的相遇，詹姆斯催促我们"开始吧"，让我们在不确定性面前锻炼我们的意志。他写道：

　　你是否会喜欢上我，取决于在无数次我见你的时候，我是否坚信你一定会喜欢上我，并且表现出深信和期盼。我心中的信仰如此一来便成为你喜欢我的一部分，让你进一步喜欢我。但是，如果我保持一副疏远的姿态，非要等到我获得了客观的证据或者你已经做出什么良好举动，否则就拒绝向你靠近哪怕一步，那么，如同绝对主义者所说，"我被迫赞成"你十有八九不会喜欢我。[23]

谈及爱情，没有什么能让"我被迫赞成"。我必须在逻辑证据充足之前就站在肯定的立场，而且当我这么做的时候，我便盼望证据开始显现。如果对于他专门讨论的爱情事宜有任何怀疑，他便解释说："有多少女人仅凭男人的乐观（坚信女人一定会爱上他）而被征服！"我承认这种说法——女人顺从于男人大胆（男子汉气概）的求爱——挺恶心的。连詹姆斯也知道，爱不是这样的。爱的发生是微妙的。他丢掉沙文主义，用更加严谨的术语解释：

人对于某种真理的渴望使得该真理存在；这一情况在无数案例中上演。获得晋升、恩惠、任命的人，他们的生活在别人眼中是生存假设的一部分。但是，那些不重视生存假设，在它们到来之前就牺牲了其他东西的人，谁能事先为他们承担风险？信仰作为一个人的主张在他身上发挥作用，并且自己创造自己的验证。[24]

这不仅仅是一厢情愿或者痴心妄想。每一个与自己缠斗过的生病灵魂都曾听过如下乏善可陈的劝告："振作点"，"笑一笑就好了"，"往积极的方面想"。詹姆斯并未给出这样的建议，而是解释了信念的深层结构，这一点或许能让劝告发挥作用。他解释了某种特定的信念——比如爱的真理——是如何形成的。它并非在爱者或被爱者的头脑中完全形成，而是在两个人动态的会面的过程中生长（或不生长）。因此两个人在交流时，需要一点儿信念，或者至少表现出乐观积极的态度。詹姆斯知道，"往积极的方面想"往往没什么客观的依据：在生病灵魂看来，生活中的一切都是那么残酷无情；然而，从实践的角度出发，"往积极的方面想"却非常有益处，这便是他所说的"生存假设"（live hypothesis）。也就是说，表现出世界和善地向我们敞开大门的样子，有时候会让事情更加朝着我们假设的样子发展。

　　我向来不善社交，现在也是。我的全职工作是向一大帮人"传授"哲学，可是在我大半辈子里，比公共演讲更让我不舒服的事情就是……面向一大帮人的公共演讲。小时候我个头大，跑不快，不强壮，肢体非常不协调，还口吃。我既恐惧参加其他孩子的生日聚会，又害怕课间休息——但如果你在生日聚会上被揍、被嘲笑，好歹还有蛋糕可以吃。我一点儿都不受欢迎，很快就没人邀请我出席生日聚会了。我七岁的时候，母亲发现我还是会幻想出一群要好的朋友，而且，比起在操场上和现实中的小朋友玩，我更喜欢和头脑里的朋友玩。幸好，我是个想象力异常丰富的小孩。我母亲是个心理咨询师，她学过詹姆斯和认知行为疗法。两年后，她对我说："约翰，我知道你不喜欢课间休息时间，我知道你其实没有真的和一群小朋友玩得好。但是你可以假装喜欢吗？就一个月，试试看？假装喜欢，看看会怎么样。"于是，我上演了一出好戏：我微笑着，向大家打招呼，学着自嘲，玩一些我压根不擅长的游戏，并且以这种方式维持了极少数几段持久的友谊。也许，这就是我的第一次被心理自助大师们称为"积极思考的力量"的实验。"成为你在世上想见到的那个变化"[1]，拥有健全心态的导师如此说道。但是作为一个生病灵魂，读起这段话就让我反胃。后来想想，我觉得我母亲还是推动了一些改变，比如"假装，直到成真"：有意以某种特定的方式行事，你的决心就会让事态往积极的方向发展。

　　当然，有时候你再假装也无济于事。母亲将我从《蝇王》[2]里的那种童年中解救出来，而且劝我走进我的第一段婚姻。婚礼当天的早上，我和母亲乘车行进在宾夕法尼亚州的中部农村，我们展开了一番典礼前鼓舞士气的对话。我需要这个。我说，我真的一点儿都不知道结婚以后会怎样。她说我只是太紧张了，只要为这段关系尽全力付出就好了。她说："婚姻是很难的，通过一场婚礼走进婚姻也不容易。"放手去做吧。去谋

---

1. 语出甘地。
2. 英国作家威廉·戈尔丁于1954年发表的科幻小说，讲述了一群孩子流落孤岛后从和睦相处演化为相互残杀的故事。

划，然后实现它。当我们穿上奢华的衣服赶回城里时，母亲说道："一定会实现的。相信你自己。"

自信是有局限的，有时候你的自信实际上是在犯大错。我在三十岁生日那天提出了离婚。不过我不怪我母亲。她的劝告反映了我现在看到的关于关系的一个基本真理：决心是建立和维护关系的必要条件。我搞明白这一点，是因为我再婚了，而且持续了十几年。一段持久的爱不会说发生就发生。对于大多数人来说，仅仅依靠惯例或传统无法维系爱。而决心是爱的必要不充分条件。詹姆斯和我母亲的意思不是让你盲目地走入恋情。相反，他们观察到，人们不能事先掌握全部事实，很多时候你必须在结论浮现之前往好的方向表现和谋划。"放手去做"的同时要做好事情不一定如愿以偿的心理准备。这不同于等待预想中的失败落地——我自己就习惯这么做，总是扼杀所有的机会。我们要做的只是更现实地看待生存假设的本质；提出生存假设依然得在变幻莫测的环境中因地制宜，也依然是人的弱点。这是不可避免的，但我们不必为之扼腕。

经过这些年，我开始相信当时有什么无关宗教的东西在强烈促使詹姆斯形成信念意志。爱的感觉既不像从高处落下，也不像神学家托马斯·默顿所说的跌入深水池。[25] 它不是被动的体验。它事关自由的行动和在看的眼睛，它经常改变人们的生活，让生活变得更幸福或更不幸、更充实或更贫瘠。爱的条件部分取决于你自己，这意味着你有能力影响这份爱情，但同时也被它所影响。记住，是部分取决于你。如果爱像机器一样有自我切断保护装置，或者爱被预设了剧情，那么幸存下来的爱便不会再显得意义重大。

∞

1878 年，詹姆斯得到爱丽丝的鼓励，他发现自由可能存在于勇敢之中（呼应罗伯特·弗罗斯特 [1]）。[26] 至少当人们采取重要而新颖的行动时，决定论对于此时人们的感觉体验不成立。

---

1. Robert Frost（1874—1963），美国诗人，四度获得普利策奖，代表作《未选择的路》。

詹姆斯这次为爱涉险有一点点运气和努力加持，最后站稳脚跟。一旦人的意志得以成功操练或得到强化，这就为未来的机会打开了前景。詹姆斯同时安排着两件事：一是敲定他和爱丽丝的结婚计划；二是想方设法在哈佛拿到一个哲学领域的长期职位，这有些诡异，因为在现代学术界，哲学学科吸引到的有科学知识背景的圈子里的人实在少得可怜。1878 年春，他和亨利·霍尔特出版社签署协议，计划出版一本具有变革性意义的现代心理学教材。教材将以实证科学为基础，避免还原论[1]，并且最终避免决定论。出版商希望在一年内拿到稿子。詹姆斯觉得这未免太强人所难了，但他若是即刻动笔，可以在两年内交稿。这本该是个合理的折中方案，但结果证明这个承诺过于乐观。他错误地估计了时间线——长达十几年——不过，他的确依照约定即刻动笔了。

詹姆斯和爱丽丝的婚礼于 1878 年 6 月举办。此后这对新人前往位于阿迪朗达克山脉腹地的基

---

1. 也作化约论，一种将复杂事物化约为简单或基础结构的组合的哲学思想，在自然科学领域有广泛运用。

恩谷度蜜月；詹姆斯着手写作《心理学原理》，
好像一切尽在掌握。更准确地讲，正如詹姆斯的
朋友弗朗西斯·查尔德对詹姆斯·拉塞尔·洛威
尔所说："他们（指爱丽丝和詹姆斯）两人正在
写作。"[27] 从那时起，爱丽丝成为他在大多数事
情上的伙伴。结束了一个忙着研学的夏季蜜月，
书的项目在当年秋天启动，爱丽丝也怀孕了。詹
姆斯发现自己过了三十多年脆弱的人生后，机会
仍孕育出新的机会。

第三章

——

——心理学和健全心态

我的思想从始至终，一贯都是为了我的行动。

——威廉·詹姆斯，

《心理学原理》，1890 年

故事讲到这里，聪明的你可以预见事情会往好的方向发展。到了 1879 年，詹姆斯对决定论的恐惧暂时消退了，至少从外人看来，他似乎在时不时陷入深渊的人生中找到了一定程度上的个人自由和控制力。眼下，他从悬崖边跳回安全的陆地——拿下一份完美的工作，娶到一位完美的新娘，（经过了这么多年的失败）终于有望让他那敏感、严格的父亲满意。他要做的就是稳住新生活，确保幸福。一个人想要确保幸福不是件容易的事。哈佛的竞争游戏，詹姆斯已经入局，现在他不得不向前奔跑。他的父亲——现在还有他的同事们——都希望他真正做出一番成绩。只要差了那么一点儿，就是失败透顶。

　　詹姆斯写《心理学原理》写到四十多岁，

他有雄心壮志。没错，詹姆斯渴望回应这个挑战，相信这会是非常重量级的一本书。此时此刻他得拿出点成果。这个任务有两面：其一，让新兴的心理学领域满足严谨的自然科学方法；其二，同时解释这种对于人类心灵的实证研究何以避免科学还原论。如果这还不够，像任何一位现代科学家一样，詹姆斯通过写作《心理学原理》回答了最古老的哲学问题：生命如何赋予人类意识？正如前苏格拉底时期的哲学家巴门尼德试图解答"存在和思想之间的关系是什么"。提出这个任务，也相当有雄心壮志。真的，很疯狂。事实是，根本没有一个现代实验室做得出可能支持詹姆斯的项目的研究成果。这一事实未受重视。他只得靠自己。他要么实验成功，要么实验到死——只有这两个选择。

詹姆斯总想出人头地，这增加了获得幸福的难度。十九世纪八十年代初，他和他的小家庭的经济状况在宽裕和窘迫之间反复横跳，他与金钱和名声的关系几近失调。金钱和名声二者一贯水涨船高，而且永无止境。这种情况在今天当然挺常见的，但是即便再常见，也不能减轻一分它对灵魂的吞噬。还记得詹姆斯很早以前极力避开的"荣华富贵"吗？它现在占了十足上风。

我不应该夸大詹姆斯着手写作《心理学原理》时的不快。有一些人——某些，或许多，或大部分，甚至所有人——的发展依赖于为某事奋力争取的同时带有一点点不适的感觉。用詹姆斯的话说，让人维持在"不完全"状态。这正反映出一部分的人类生理：如果一个细胞在一个瞬间达到了完美的静止或说均衡——大师们称之为"完美的平衡"——那便是它死亡的瞬间。生命在于运动，而詹姆斯比大多数人都更有活下去的决心。

当他埋头于写作《心理学原理》的开篇时，他对爱丽丝说："我经常想，描述一个人品性的最佳方法就是找到他感觉自己活得最强烈、最深刻的时刻所持有的特定的精神或道德态度。在那些时刻，心底里有一个声音对他说：'这，就是真正的我。'"[1] 问题在于：成年人的生活让追索"真正的我"变得极其困难。我们年复一年地长大，年纪呈线性增长；填满了我们生活的那些责任和期待的总量却呈指数增长。奇怪的是，这并不意味着我们一定会感觉自己"强烈而深刻地活着"（詹姆斯语）。相反，生活琐事只是令人麻木而繁忙；我们一再被不同的方向拉扯，而并未全身心投入任何一项活动。通过心灵的自动驾驶，我们"关闭"和"打开"自己，以细致地应对日常生活中的混乱局面。这使日常例行事务看起来完全是负面的。并不然。日常例行事务是一种生存机制、一个启发或一连串捷径，让我们能够不假思索地快速行动。但是，捷径当中有个问题：人们常常会忘记自问（甚至忘记如何自问）"真正的我"停靠在哪个精神港湾。詹姆斯在精心打磨《心理学原理》的不惑之年找到了真正的自己。这是一份关于中年危机的个人观察，加之对于成因之一——习惯及其难以抑制的潜在力量——的详尽的学术调查。

∞

"习惯"一直是西方心理自助文化中的口号。公元前四世纪时，亚里士多德就预料到了我们的困扰，他说："我们是我们反复行为的结果。优秀指的不是一个行为，而是一个习惯。"[2] 今天的我们每每尝试戒掉坏习惯却屡屡失败——抽烟、发短信、疯狂购物、拖延、睡懒觉、赌博、撒谎、出轨。我们想培养好习惯——健身、集中注意力、努力工作、早起、存钱、诚实、诚信、有信仰。关于习惯的普遍特性，詹姆斯说得清清楚楚：

如果我们从外部视角观察生物，首先注意到的一点是，它们身上有大量的习惯。日常行为之于野生动物，就像与生俱来之必需；对于被驯化的动物，进而到人，则很大程度上是教育的产物。具有先天倾向的习惯，我们称之为本能；受教育而形成的习惯，大多数人称之为理性行为。这样一来，可见生活中的很大一部分都是习惯。

研究心灵的客观表现的人应该从一开始就清晰地划分其界限所在。[3]

詹姆斯写《心理学原理》的那段时间，也就是十九世纪八十年代中期，人人都知道习惯对于良好生活很重要。但是习惯在詹姆斯所谓"心灵的客观表现"中发挥作用的具体过程如何，依旧是个谜。这就是他在《心理学原理》第四章着力解释的内容。这一章非常引人入胜，甚至作为一本单独的书重新出版并且广为流传。他认为，通过看透习惯、揭示习惯的内在运作机制，可以帮助读者驾驭甚至掌控习惯的力量。对于詹姆斯而言，他的研究大体上是一种恢复自我控制力的方式。鲍迪奇的生理实验室已经不够詹姆斯用的了。为了该书顺利出版，詹姆斯在 1890 年成立了自己的实验室，专注于他的小范围工作——人类心灵的物理基础。显然，他们极少采用人类作为实验对象。那时詹姆斯的专长是比较解剖学，他不得不止步于研究青蛙、狗、猫，有时还有猴子。

詹姆斯发现所有物种的心灵都是柔软的，它们并不脆弱，也不是一成不变的。有意识的生命，其任何形式都是可塑的，他描述道："这种结构的软弱的一面在于它会屈服于某一作用，强硬的一面在于它不会立即屈服于任一作用。"它的目标（或过程）是折弯而不至折断。"任一平衡性达到相对稳定状态的阶段都属于这种结构。"他继续道："我们会称之为'一套新的习惯'。"[4] 习惯的平衡性不是完美持久的不变，而是暂时稳定的阶段，这时，一个有机体的有意识的生命和它的环境便达到了某种"合适"的状态。我有时候会开学生的玩笑，说即使没有老师指定，他们也总是坐相同的位子。学生花上几周时间就会找到属于他或她的座位。到了第五堂课，我就不再需要座位表了。每个人都认得自己的座位。这一习惯像所有的习惯一样有物理性标志：它让人从内到外感觉良好。一切运转正常，直到一名新同学来上课时（但愿不要）"夺走"某人的座位。习惯被迫中断。然后糟糕的事情有如火山喷发。看到年轻人为座位争吵是挺有趣的一件事，不过我不会笑得太过分。我的学生们只要上过几次我的课就会知道我是一个重度习惯依存者。每天早上我得喝咖啡，也许我也告诉过他们，不出意外我会在傍晚五点时喝点啤酒。这是一套极为实用的习惯。它们是我在一天中感到强烈的"受够了"的时刻。即便有一天天公作美、相对适意，我还是会感觉"受够了"。阳光有时就是太猛烈了。啤酒能够安抚我：生活变得不那么残酷，我和别人相处时也不那么紧张。当然我可以说我就是喜欢晚上来杯啤酒，可是这种说法既不真实也没有抓住习惯的本质。通过喝啤酒，我的日常生活过渡到平衡性相对稳定的状态。啤酒和我的生活如此合适。

我们在考虑一个根深蒂固的习惯（比如我喝啤酒）时，很容易聚焦于环境的稳定性这一点。但若是强调环境稳定，我们就会产生忽视习惯的养成依赖于一种潜在而重要的灵活性的倾向。1887 年，詹姆斯在《习惯的法则》中写道："有机物，特别是神经组织，似乎被赋予了非常高程度的可塑性……因此我们可以十分肯定地提出如下主张：生物的习惯现象是依据构成其身体的有机材料的可塑性而形成的。"[5] 这一主张已经和赫布定律有很大的相似性了。赫布定律由认知科学家唐纳德·赫布于 1949 年提出，主要思想是神经元"一起激发，一起连接"[6]。也就是说，某些神经通路的激活改变了有机体的物理和化学构成，如此，类似的激活更有可能在未来重演。这就是"启动效应"，"启动效应"是习惯（无论好或坏）形成早期阶段的重要因素。

如果你感觉你的脑子不如以前好使了，你有可能是对的。詹姆斯观察到，年轻人比年长者的认知结构更为可塑，因此更利于养成习惯。"年轻人能否意识到自己很快就会变成一堆行走的习惯呢？"詹姆斯惋惜地说，"他们会更留心自己在可塑状态下的行为。我们正在编织自己的命运，或好或坏，而且落子无悔。"[7] 神经系统并非最初被绑定连接好的（那样太有趣了？），而是经由我们的演化与经验史造就的人为产物。它们仍然向新事物不同程度地敞开大门，直至该有机体的一切都归于暗淡。也就是说，我们在青春期早期对外部影响最为敏感，也最具可塑性，那也是我们对周遭环境与我们的生活的控制力最低的时期。如詹姆斯所说，我们的确正在编织自己的命运，可是我们起初对此一无所知。

研究习惯，对于一个想要行使自由的人而言很伤脑筋。事实上詹姆斯有好几次深受其苦。它意味着人类认知的重大压舱物（是它让我们在动荡而复杂的世界面前保持正直）是一堆不断累积的惯例和脚本，也被我们叫作"第二天性"。习惯根本上是守旧的。它尽力让事情反反复复地发生。詹姆斯说："所以，习惯是社会的巨大飞轮，是社会最宝贵的防腐剂。"他总结道：

只有习惯才能将所有人规限在法令的范围之内，并且使富家子弟免遭穷人因嫉恨引发的暴动。只有它才能避免那些从小就过着最艰难、最难堪日子的人放弃生活。它让渔民和甲板水手在海上过冬；它把矿工嵌入黑暗，把乡下人钉在他的木屋和孤独的农场里度过漫长雪季；它保护我们不受沙漠和极寒地带原住民之扰。它注定让所有人与自己所受的教养或早先的决定展开人生的战斗，并且竭力抗争——因为没有其他适合我们的东西了，重新开始已经太晚。[8]

这段评价当中存在某种坚定的认识。悲伤，但不一定悲观（就像詹姆斯年轻时做过的许多观察一样）。只有令人吃惊的现实。有机物可以（有目的性地）在一些相当可鄙的状况下知足。很多动物，尤其是人类，往往倾向于选择自毁式的习惯，而不去直面危险，即便这种危险是收获更健康、更有活力的生活的手段。许多友情、关系，都是凭借这种倾向而保存下来的。

十九世纪八十年代早期，詹姆斯开始改变他对人类境况的分析。他调整了分析的视角，而不是彻底地重新评价存在的事实。虽然还受到生病灵魂的记忆与经历的影响，但是他的写作开始大幅度地向好发展。他对于习惯的实验和结论很有可能将他拖进新的心理困境。事实也是如此，它们经常是威胁。对此詹姆斯予以回击，他坚持认为人们可以拒绝习惯，更谦逊的说法是，人们可以监控习惯的影响，从而防止它在生活中泛滥。这看起来很像维护自由的方式。如果习惯通过本能和惯例的半意识活动支配着我们大部分的生活，那么作为自由的个体，我们至少可以理解自己是如何被制约的。这正是决定论者提出的立场。在《心理学原理》的早期阶段，詹姆斯似乎猛然转向十七世纪唯心主义者斯宾诺莎的观点，即最高的人类活动是为了理解世界、理解自己而学习，个中因由简而言之——理解即是自由。或许，一个人可以通过理解自由之限制从而勉力维持独立的姿态。

这种斯多葛式的回应无法满足成年的詹姆斯。到最后，生活的要点在于认识到习惯的力量，然后引导它、克服它。詹姆斯在关于习惯的分析小结中着重强调了超越的可能性，书中写道："天才，真正的意思是以非习惯方式感知的能力。"[9]詹姆斯认同好友兼导师拉尔夫·沃尔多·爱默生的观点，他们俩相信每个人都充分拥有这种珍贵而优美的具有破坏性的能力。我们只需要操练它。运用它，我们便成了幸运儿，因为我们接纳了让我们更有活力、更强大的习惯，甩开了让我们更无趣、更软弱的习惯。紧接着书中说，那些长久温顺听话、有自毁习惯的人其实都可以过上不同的生活。他们可以培养新的惯例。詹姆斯写道：

十五年前，挪威的女性尚且比其他国家的女性更加拥护传统的理想女性形象，比如"家事天使"，发挥"友善的、治愈性的作用"等。而如今，这些喜欢趴在炉边的挪威虎斑猫已经被雪鞋训练为轻巧、大胆的生物。对她们来说，再也没有太黑的夜晚，也没有令人眩晕的高度。她们不仅告别了传统女性苍白、柔弱的形象，而且实际上成了每一次教育和社会改革的领头羊。我必须相信，在我们国家，在我们亲爱的姐妹们和女儿们当中迅速蔓延的网球、徒步旅行和滑冰习惯以及自行车运动的风行将会带来一种更合理、更有活力的道德论调。我们美国人的生活有望为之一振。[10]

98

　　我不确定休闲、锻炼的习惯能否为拒绝它们的人带来"更有活力的道德论调"，但是可以肯定，跌至谷底的生活只能好转（至少是得到转机）。我知道有些人就是不会滑雪、打网球或者骑自行车。我懂，因为我也不是行家里手。但是我同意詹姆斯说的：当这些填补生活的活动出现时，大多数人拥有选择。改变再小也意义非凡。我们的习惯往往是"继承"而来的，多多少少来自父母、老师们。然而詹姆斯提醒我们不必如此。习惯可以由我们自己决定。

　　詹姆斯是个非凡的叛逆者。美国哲学家、我的老师道格·安德森会说詹姆斯"内心有罗马魂"——在他典型的常春藤生活之下掩盖着狂暴的炸药。这评价是对的。很少有思想家比他更敏锐地体察到被习惯的强制力量所规限、制约的感觉。即使进入成年期后，生活在剑桥的詹姆斯也对人们自然而然的平凡琐碎、惯例产生了近乎过敏的反应。据他的儿子回忆，家里主办传统的晚餐聚会时，父亲总会来个爱尔兰式告别[1]，不跟客人寒暄、道别，躲进自己的研究当中争取一点儿自由时间。1885 年时詹姆斯被写作《心理学原理》压得喘不过气，他写信给沙德沃斯·霍奇森说："想要挺过这个教学年，我至少需要两个月的时间去过一过纯粹的动物生活。"[11] 为了维持正常的生活，哪怕只有一小段时间也好，詹姆斯必须感觉自己无拘无束、自由自在。这就是他。

或许对你来说，这就是一个不情愿承担现代生活责任的少年，任性地放纵自己的冒险精神，拒绝长大成为负责任的大人。你的想法很有可能完全正确：詹姆斯从任何角度看都不符合人们对于料理家事者和居家好男人的想象。他把家事全都抛给爱丽丝，而且逃避抚养五个孩子的琐碎细节。不过我想说，詹姆斯从不伪装，不掩饰有多讨厌那些他认为的使人麻痹的习惯之沉闷。至少他诚实地表达自己。在一封关于追索"真正的我"的信中，詹姆斯向爱丽丝说明，自我认

---

1. 指不辞而别。

同问题严重地困扰着他：

> 现在，就像我能描述的这样……真正的
> 我……我内心的品性态度中总有一种积极的紧张
> 感，也就是坚持我自己的看法，相信外界事物发
> 挥其作用从而构建出完整的和谐。但我无法做出
> 任何保证。做个保证吧——我意识中的态度立刻
> 变得毫无活力、不痛不痒。[12]

一个因循守旧的世界并不是一个适合安放
"真正的詹姆斯"的世界，这里的每个位置、每
个座位、每个时刻都被安排妥帖，得到了保证。
相反，詹姆斯恳求"离保证远一些"。在这个愿
望实现的瞬间，世界便会向真正的偶然性和真正
的机会敞开大门。詹姆斯说："（不管怎样，只
要我处于激情澎湃的状态）我就感觉到一种极度
炽烈的幸福。"詹姆斯正在告知他的新娘，她刚
刚把自己许诺给一个没定性的男人，不仅如此，
实际上他以冒险为乐。

我猜这也是个不怎么含蓄的请求：詹姆斯

希望配偶别打扰丈夫的"真正的我"。他像是在说"别害怕生活",只有在冒险的过程中我们才能知道我们可能变成什么样。可不是吗,如果你的妻子保护你免受杂事、琐事骚扰,那么活在危险中的生活变得容易多了。不过,我觉得詹姆斯的评论是有道理的,紧张的生活可能具有深刻意义。当一个充满可能性的世界摆在眼前,他可以为未来做选择时,他说自己被"做任何事、承受任何痛苦的意愿"所撞击,"这种意愿尽管只是一种心情或情绪,却表现为身体上(胸骨内)的刺痛,以此证明它是我最深处的原则"。[13] 一些人认为,人类存在的至高意义,就是人们树立目标并且为了不可知的结果而努力奋斗。可能失败,也可能成功。不论结果如何,重要的是属于我们自己——这种拥有感很重要。

∞

我在第一次离婚期间重读了《心理学原理》,也通读了詹姆斯的书信,想体会他当时的想法。

书信很多，不过事实证明，睡到大中午才起床的单身汉有大把时间读完这些信。我还记得我坐在床上想到詹姆斯所有英雄般的发言，他说要凭十足的意志行动去克服不易察觉的习惯。这些话震撼了我，可又不真实，因为我的精神不够强大。我甚至没有不同的感觉，何谈不同的行动？我只有强烈的继续赖在我该死的床上的冲动——什么改变都不会发生。

改变最终还是发生了。我记得詹姆斯对爱丽丝说"真正的我"有一个严格的条件，即为了"极度炽烈的幸福"而斗争的紧张感标志着他的真我，而这种情况只出现于"激情澎湃的状态"之下。也就是指，通常好的状态。即便到了晚年，詹姆斯对无力的感觉也不陌生。1884 年，苦苦思索着习惯的本质的詹姆斯去信给他一生的导师、苏格兰人托马斯·戴维森，他坦言："整个冬天都忙于教学任务，知识方面几乎颗粒无收。我什么都没读，什么都没写，除了一篇论意志自由的讲稿。我不知道接下来会如何发展。"[14] 此类抱怨无独有偶。简短地调查了一番詹姆斯的书信后，我对他的印象是他一直很不自在：他是个大忙人，但在勤奋的背后藏着长久的无力感，总觉得自己停滞不前。

应该怎样逃离——或者应对——这种感觉？正如2005年大卫·福斯特·华莱士[1]所说："你是如何活到三十岁，甚至五十岁，而不想着往自己脑袋上开一枪的？"[15] 这个问题也始终折磨着我，贯穿我的第一段婚姻，直到婚姻关系最终因破裂而告结。甚至在这场离婚灾难结束后，客观地讲，我看起来还不错：我是哲学老师，有稳定收入、一两个挚友，身体也还行。可是，这些生活的客观事实（可以从外部观察到的信息）一点都无法减轻我想要整天瘫在床上的感觉。

感觉，往往被认为是精神状况当中最为隐私的部分，是占据我们内心缝隙的阴影。我的感觉属于我，绝不会变成你的。从某方面看，詹姆斯关于他的真我的分析来到了感觉的内部。他强

---

1. David Foster Wallace（1962—2008），美国小说家，生前饱受抑郁症折磨，代表作有《生命中最简单又最困难的事》《无尽的玩笑》《系统的笤帚》《穿过一条街道的方法》等。

烈感觉到的那个来自他胸骨内部的东西一定就是"真正的我"。我们的感觉使我们各自成为独特的个体——或乐观、或敏感、或善变——总之是独特的。只不过根据《喜福会》的作者谭恩美[1]的看法,这种人类情感模式存在一个小问题:"我们的唯一性让我们成为独特的存在,让感知变得有价值——但也让我们变得孤独。孤独不同于'孤单'。孤独的根源是我们永远没办法跟别人分享自己全部的真实。"[16]

我记得有个同事在签署文件之前来我家找我确认。我家里散落着书、脏碟子、瓶瓶罐罐和其他乱七八糟的东西。他待了一小时,离开前只留下两个字:"保重。"他的话语仿佛来自天边,语气就跟希望某个遥远的人物解决世界饥饿问题差不多。我想,他知道我所有的感觉都位于我心中深不见底的地方。他触及不到。他本可以给我一个拥抱或跟我出去走走,但是他没有。他可能

---

1. Amy Tan(1952—),美籍华裔作家。《喜福会》是她的自传体小说,讲述了几位一代移民女性和她们的女儿之间充满温情的故事,同名电影于 1993 年上映。

觉得身体的接触或移动丝毫无助于我受挫的感情吧。结果证明他错了。

詹姆斯的《心理学原理》的倒数第二章 [1]《情绪》提出，人类大部分的基础感觉严格地说不是内在的，甚至绝大部分都谈不上是内在的。也就是说，它们不存在于"我们的头脑"中。情绪并非操纵着机器或者引擎驱使我们完成日常事务的幽灵。出乎意料的是，它和我们的行为、身体状况密切相关。在我的大半人生中我都觉得，是因为我抑郁了，所以我才没救地厌恶社交，瘫在乱糟糟的家里，一直起不来床。不对。詹姆斯指出，要倒过来看待整件事：我之所以悲伤，是因为我在人群中只盯着自己的鞋面，是因为我家昏暗狭窄，是因为我不肯起床。用他的话说："不是因为快乐所以大笑，而是大笑使我们快乐。"[17] 行为本身就足以带来特定的情感状态。

詹姆斯受生理学的浸染许久了，他开始理解我们如今所说的"生物反馈"，即情绪表达与

---

1. 倒数第四章，原书误。

主观感觉的相互强化。他总结道，一些身体活动会引发"简单的情感"，诸如后悔、生气、害怕和愉悦。这便来到了詹姆斯－兰格情绪理论的核心。他认为，一个情绪若是缺乏表达和实际结果，那么它在很大程度上是没有意义的：

> 想象某种强烈的情绪，然后试着从中剥离出它的身体表征的所有感觉，我们会发现什么都没有剩下。你能想象出一个人暴怒，而不捶胸顿足、脸颊通红、鼻孔张大、咬牙切齿、冲动……的画面吗？笔者不能想象。[18]

歌德有高见——"勇气之中有魔法"。而人类活动的魔法不仅在于能够改变世界、改变我们的生活圈，而且相当程度上能够使我们内心的情感图景焕然一新。依詹姆斯看，激情不会绑架我们的决策和行动，反过来说行动也不会对情绪放任自流或横加阻拦。詹姆斯－兰格理论与传统观点相悖，但是创始人相信实证对他们有利。詹姆斯在《心理学原理》中写道，"恐慌因逃避而加剧""抽泣让悲伤加剧""反复'发飙'让怒火加剧"。[19] 很多情况下，不把情绪表达出来就是帮助激情消退的第一步。而立之年的我把自己全部搭进一段自毁式的关系，我必须承认詹姆斯说的有点道理——咬牙切齿只会妥妥地把我送入怒不可遏的境地。

　　我好不容易读到了《心理学原理》的末尾，才发现原来前面上千页都是《情绪》一章的铺垫。詹姆斯写道："整天闷闷不乐地坐着，叹气，用哀怨的声调回应一切，你的忧郁如乌云不散……抚平你的额头，擦亮你的眼睛，收紧背部，别垂头丧气的……如果不去融化它，你的心当然冰冷！"[20] 再婚以后我把这一章读了又读。它指引我拥抱一种我过去抗拒的生活。还有一个同事（谢天谢地，不是一个会说"保重"的人）邀请我去上瑜伽课，而我无论从外形还是体质上看都没有瑜伽的天赋。那段时间我是健身房的常客，身体僵硬，不擅长弯曲或扭动。我本不想去上瑜伽课，但我还是去了，因为想起了詹姆斯的话，"冰冷"的心为了变得快乐，需要做出相应的举动。

我的第一任妻子和其他一些人都曾建议我做瑜伽。"瑜伽真的能让你静下来。"她说。我光是想象自己穿着纱笼[1]坐在莲花座上的样子就蹿火。不用了，谢谢。那个同事担保她推荐的瑜伽课不一样——我们会运动到汗流浃背。我会忙着喘气，注意力全在脚下，这样就没工夫动脑子回想我狗屎般的生活。听起来还不赖。没有人穿纱笼。我也只需要在每个环节结束的时候坐下来。而且她保证我一定会感谢最后的休息时间。于是我接受了邀请，和她相约一大早在波士顿北端的社区工作室碰头。

"抚平你的额头，擦亮你的眼睛，收紧背部，别垂头丧气的。"这是《心理学原理》里的话语，也是阿斯汤加瑜伽[2]拜日式A[3]的基本体式。面部放松，双目明亮，挺胸站直，双肩与地

---

1. Sarong，东南亚、南亚、阿拉伯半岛、东非等地区服饰的下装，一块长方形布料裹在腰间，形似筒裙。
2. Ashtanga Yoga，经典印度瑜伽形式，有严格的体式序列。
3. Surya Namaskara，梵语，指用八个身体部位（双脚、双膝、胸部、下巴、双手）接触地面的致敬动作。

面平行，开始：弯腰，双手撑住地面，后退使你的身体变成坚硬的板子，向上、再向上。身体向地面接近，收紧背部，就像你在大笑时那样收紧核心肌群，臀部向上提，这样你的身体会形成一个倒"V"字，这叫"下犬式"。在这里停住，呼吸，让新鲜的血液充实你的头脑。面部放松，再放松。现在双脚移到双手处，动用每一块背部肌肉使你从腰部开始站直。接着把手举起，向上看，就像你的生命取决于这一秒一样。重复整个流程，重复，再重复，再重复。

做到第四个来回时，我已经汗如雨下了。这套规定动作对于调节不佳情绪有帮助，因为它要求你必须向上。在初级阶段，学生只需要做五个来回。我着了迷，第一天回到家就做了一百个来回，花了三个小时多一点。动作一定做得很不好，可是重复起身站直就是让我停不下来。后来我一个礼拜都不能动，但我能动以后的第一时间就打电话给朋友，问她能否和我一块儿去上瑜伽课。"你觉不觉得阿斯汤加有点呆板？或许采用串联体式法后，再做大量的拜日式 A 会很不错。"她

同意了。我们每天都去上课，一天两次，持续了
两个月。后来每天去一次，持续了一年。

詹姆斯的友人温森蒂·卢托斯瓦夫斯基曾
经是一名狂热的瑜伽爱好者。晚年时詹姆斯写信
给他说："你的全部叙述表明，瑜伽学科是否可
能在其所有阶段都作为一种有条理的方式，唤起
人们比平常更深层次的意志力，从而提高人的基
调和能量。"[21] 这一点即使对于一个新手瑜伽修
行者来说都是一条重要真理。久而久之，做瑜伽
成了詹姆斯的习惯，也成了我此后人生中的一项
身心源泉似的训练。詹姆斯建议："每个人每天
至少做两件自己讨厌的事情，就当锻炼。"二手
资料表明，他知道瑜伽可以成为其中之一。

∞

同事卡罗尔教会我的不只有瑜伽。我们最后
搬到一起，决定结婚。现在我们有一个七岁的漂
亮女儿。然而，詹姆斯警告我们别寄希望于循规
蹈矩的生活。未来的可能性有无限大。很多美好

的故事以出人意料的结局收尾。结婚十年后，卡罗尔和我签署了离婚文件，现在双方努力共同抚养我们的女儿。

倒立很难；相爱十年更难；眼看着爱情分崩离析难上加难；最难的是在此期间抚养孩子。最好勤加练习。我们可以养成习惯，让我们在不知不觉中变得自恋或者走向自毁。我们也可以养成习惯，教我们承担风险，去摔倒，然后使用背肌重新站直。选择积极形成哪些习惯，滋养哪些习惯，可能完全不由我们决定，但也并非完全超出我们的控制。

对于詹姆斯以自由意志主题结束《心理学原理》，我们不会感到奇怪。事实上，他在这三页内容中快速重述了所有有关决定论的观点，也就是将他拖入三十岁地狱的那些观点。现在的詹姆斯年近五十，一切大不相同了。《心理学原理》刚刚出版，距离他签署合同已经过去了十二年，多么艰难。他早就在理论上拒斥了决定论，但是在《心理学原理》中他提供了一种反应的实践，可以用于诸如习惯、情绪等具有阻碍和诱导作用的强制力上。自由意志在此类实践中如鱼得水。他说："自由的第一个任务，就是肯定它自己。"[22] 至少对于詹姆斯而言，自由的第二个（也是正在进行的）任务，就是为了抵御所有对自由的侵扰而制订一个实际的行动计划。詹姆斯竭力地执行计划，也时常成功。但是仍有一个问题亟待解决：当我们失败了，我们可否求援？

第四章

———

意识和超越

生命永远比我们知道的深刻得多，永远比它的外在神圣得多，我们得以在堕落和绝望中幸存，而不被它们吞噬。

　　——老亨利·詹姆斯，《基督教：创造的逻辑》（*Christianity: The Logic of Creation*），1857 年

威廉·詹姆斯在《心理学原理》中对哈佛实验室的幽闭环境有颇多着墨：天花板低矮、臭烘烘、房间呈直角、简陋无装饰、只有一扇透不进光的小窗。十九世纪七十年代中期，他泡在实验室无数个小时，因此后来他宣布美国实证心理学就诞生在这些狭小、破烂的房间也不足为过。同样，在比邻的位置，詹姆斯首次掌握了习惯形成和人类意志力的神经学基础之一。那种环境让自由意志难以发挥，可是他竭力地解释自由意志运作的原理，描述其能与不能。在心理学史上，詹姆斯以恪尽职守的研究奠定名望，成为美国第一位认知科学家。这个说法并不准确。詹姆斯对于精神生活最激进的观点是在他冒险走出实验室大门后获得的，这一走就是好远。

接下来的十几年间，詹姆斯开始探索那些根本无法被控制、理解甚或描述的人类境况。他的研究动力既有来自智力上的追求，又有深刻的个人原因。他想知道，意识是否有可能允许他超越或者极大程度上拓展人类的有限性。你也许有过这样的经历，你会想"我的老天，那是别的什么东西吧！"詹姆斯追寻的就是那个"别的""什么东西"。

降临在不惑之年的詹姆斯身上的接连不幸促使他追寻超越。1882 年，他父亲去世。他花了大量时间校对和审订父亲的手稿，手稿的内容有关神秘主义和神学，最终汇成《亨利·詹姆斯文学遗稿》。这是詹姆斯的"第一部作品"。在整理文稿的过程中，他再次走近父亲的视野：

每一个理智的青年人都会怀疑：生活不是闹剧，也不是上流喜剧[1]，相反，它在某些使生活者深陷泥潭的重要不足造成的惨痛悲剧之上开花、

---

1. Genteel comedy，流行于十八世纪早期反映英国上流社会的喜剧类型。

结果。大自然为每一个拥有精神生活的人留下的遗产像是一片未被开垦的森林，那里有狼嚎叫，有骇人的鸟在夜里叽叽喳喳叫个不停。[1]

　　然而，老亨利相信（精神上的和智力上的）逃避是可行的。生命尽是悲剧，但它能够"开花结果"。这个信念对于詹姆斯来说是不小的安慰。他刚刚告别父亲，又痛失了年幼的儿子赫尔曼（詹姆斯喊他"仓鼠"[1]）。赫尔曼的死因是百日咳恶化为肺炎。詹姆斯承认自己不怎么关心这个孩子，只是把他扔给他妈妈照看，还以为这个孩子"能保住"。世事难料，赫尔曼只是暂时稳住了病情。1885 年 7 月，詹姆斯一家在家族墓地和小男孩永别了，他的棺材是用柳条篮筐做成的。悲痛的詹姆斯多次写道，小赫尔曼是"家族的花儿"，但是过早凋零了。问题是，生活如何继续，如何再次"开花结果"？失去赫尔曼的经历让詹姆斯"尝到了所谓'存在'的神秘性，

---

1. Humster（仓鼠）音近 Herman（赫尔曼）。

令人无法忍受"。[2] 他没办法走出去，没办法回
到现实生活。相反，为了探索存在之神秘性能否
带来其他东西，詹姆斯将走进它的更深处。他对
意识的调查给出了肯定的回答。

∞

在大多数情况下，詹姆斯埋头写作以逃避
生活中的不幸，然而通过十九世纪八十年代一丝
不苟的实验室研究，他幸运地收获了一种独特的
视野。这种独特的极佳视野适用于人类心灵的研
究。他对超越的渴望在不知不觉中融入了他的研
究，他发现，心灵有自我救赎的潜力。詹姆斯越
是深入心理学研究，越是坚信想对意识做出完整
的描述如同痴人说梦。哲学和心理学被视为经验
性的学科，但是詹姆斯后来说道："我自己绝不
相信人类经验是宇宙现存最高的经验形式。"[3]
依詹姆斯的看法，任何严谨的心灵研究都将表明
经验的动机和能力永远得不到明确的解释。总有
更多可以说，总有更多。

实证心理学家们试着通过分解的手段来理解心灵，就像人们分解大脑、脊髓中枢神经之类的对象一样。实证方法有时候就是无法解答某些问题。比方说，我们能穷尽对身心关系的解释吗？过去这个问题被称为"身心问题"，如今它被称为意识的"困难问题"。1989年，在詹姆斯写下《心理学原理》一百年后，哲学家科林·麦克金在《心灵》杂志上发表论文《我们可以解决身心问题吗？》，他的答案是否定的。意识是"人类理智永远无法解开的谜"。他认为，我们遇到了跨不过去的方法论障碍：科学的客观方法仅仅适用于解释人类的主观经验。科学观察永远无法验证意识"内部"的感觉。[4]

詹姆斯出于相同的理由得出了相同的结论，他在《心理学原理》第七章《心理学的方法和陷阱》中说："对于心理学家来说……他所研究的心灵是客观事物，属于一个由其他客观事物组成的世界。"[5] 无论是在詹姆斯的时代还是我们的时代，心理学家的研究都是经由实验性方法发展起来的，比如活体解剖青蛙，通过实证方法，如詹姆斯所说："这是对耐心的极度考验，不可能出现在这个人人对无趣避之而不及的国家。"[6]他接着说，这种方法在德国蓬勃发展。心理学家"致力于研究精神生活的要素，将它们从粗糙的结论中提取出来，并尽可能还原为可量化的尺度"。这种方法至今取得了不少成果，但它不是万能的，特别是无法完整地描述我们所说的"心灵"。科学在研究人类意识方面的失败，原因在于它必须使用客观的分析方法。

詹姆斯表示，方法论的问题在于永远错失意识的主观感觉，错失内心的视角。当他试图着力研究内心时，他发现想要完整地描述人类思想，通过把思想端上解剖台，大卸八块然后逐个计数的方式是不可能实现的。这么做倒是能够毁掉你想要调查的东西——人类的生命经验。他说：

牺牲了连续的心灵流，取而代之的是原子主义——一种砖式结构规划，对于它自身的存在提不出好的内在依据，从而带来各种悖论和矛盾。这是心理学学生的悲哀的遗产。[7]

如果某人关于心灵的理论和证据、经验相违背，那么他最好考虑彻底改写这个理论。"砖式结构规划"假设心灵由静止不变的若干原子组成，而詹姆斯认为人类思想是私人的、连续的、变化的。用埃尔伯特·哈伯德[1]的话说，意识不是感觉的堆叠，不是"一个接着一个来的鬼东西"，也不是人们可以完全捕捉到的"自我意识"（我们有时会这样叫它）。相反，意识是无处不在、无止无休的运动——詹姆斯将其命名为大名鼎鼎的"意识流"。

大多数当代哲学家把詹姆斯提出"意识流"视为哲学史或心灵哲学史上的事件。詹姆斯大张旗鼓地削弱了两个主导现代哲学一百多年的论点：一是他明确地批判了约翰·洛克的"简单观念"理论（精神事实是固定的，即便在流动的经验中也不会有丝毫变化）；二是他改变了大卫·休谟的观念——意识的发生依赖于我们对于"感觉材料"（一系列不连续的精神图像，它们

---

1. Elbert Hubbard（1856—1915），美国作家、书商、哲学家，代表作有《致加西亚的信》。

会直接出现在我们的感知中）的经验。是的，詹姆斯向其他哲学家宣战了。但是，若将詹姆斯的研究限定在学术争论的范围之内，对于他在《心理学原理》中提出"意识流"的工作就不大公正了。事实上，他正在为一项更激进的、肯定生命的知识项目打下基础。

"意识流"的第一个内涵是，思想永远是私人的，也就是主观的经验。我的思想始终多多少少由我处分。我对于我的意识流享有专有所有权。詹姆斯说："每个……（心灵）……都有它自己的想法。当中不存在给予或交换。任何人都不可能像看见自己一样直接地看到其他人的意识。其原则是相互隔绝、不可更改的多元性。"[8] 可能你（像我一样）并不认为自己的思想有多么特别。而詹姆斯反复提醒我们，我们的误解太深了。思想完完全全是独一无二的，只属于个体自己。你的一切都可能被夺走，唯有你的思想流为你所有。思想停止之时，也是你终结之时。詹姆斯再次引导我们来到他从爱默生那里吸纳的先验论思想——爱默生坚称："最后，除了你思想的完整性，没有什么是神圣的。"[9] 你想什么、关注什么、忽视什么，很大程度上取决于你自己。从这里开始，詹姆斯提问：具体来说，你关心什么？你可以更投入吗？

现在，我的学生会使用"某人醒了"来表达某人看见了刻板思维让人忽视的东西。就我的理解，一个人醒了，意思是他或她开始体认到上一代人的偏见和歧视，并且在成长的过程中保持警惕，以真实的状况考察生活、考察自己。我跟他们说，我有点懂他们的意思。这就有点像梭罗在《瓦尔登湖》最后说的："只有我们醒来的那天，黎明才有意义。太阳升起的日子会越来越多。而太阳只是一颗晨星罢了。"学生们只是耸了耸肩，说："对啊，不管怎么说，这家伙醒了。"

詹姆斯的意识研究从一开始就透露出这种"梭罗式醒来"的存在主义警觉。他跟随众多先验论前辈的步伐，认为人类仅有的优点之一就是拥有正确运用意识的能力。当然了，大部分有意识的人类在詹姆斯看来，"和他们被期许的程度相比，他们只醒了一半"。[10]《心理学原理》中论意识流的一章是唤醒我们的前奏。他为我们打开视野提供了条件，那便是让我们认识到意识的流动所及甚广，奔涌不息。

∞

通常，我不会配合意识的流动。我的做法完全相反——把自己困在大卫·福斯特·华莱士所说的"自己脑袋里的王国"，无法自拔。我觉得我不是唯一一个这么做的人，顶多开始得早了些。我记得可能从 5 岁开始，我就经常向祖母哈泽尔描述我在学校度过了多么痛苦的一天。我会紧抓住遭遇过的不公正待遇（有些是真的，有些是幻想出来的），讲述它们如何伤害我幼小的心灵。这些事情后来让我和我渴求的美好睡眠无缘。早上她来叫我起床时，总会大手一挥把窗帘掀开。不管天气怎样，她都会说："今天是个好天。"这是一种可能性。可是当夜幕降临，我的心情变得低落时，我会把一天中所有的可能性和闪光点抛之脑后，向她倾诉我的日子过得有多糟糕。学校的一切都跟我过不去。等我静下来了，她会举起一根粗糙的手指，说："约翰，你忘了，这些都会过去的。而且已经过去了。"我那时还是个孩子，对这句精辟的发言可不买账。这句话只不过比她其他常挂嘴边的箴言稍微让我好受一些。她的箴言均来自相同的哲学立场。比如，她说过："约翰，你不会两次踏入同一条河流。"这句话可以保证搞砸事情或出糗不会再次发生，至少不会和上次一模一样。明天是全新的、不同的一天。

直到最近，我才开始明白祖母话中的永恒深意。如果用乐观主义或积极思考来解释她说的话，那就错了。她已经表达出了詹姆斯式意识流的一个基本真理：一切都会过去，快到我们来不及思考。事实如此。任何事态，或者更准确地说，任何思想的阶段都是暂时的。詹姆斯说："没有一种状态可以在消失后再现，而且和之前分毫不差。"[11] 比方说，我们可以多次听见钢琴弹出同一个音符，但后来的声音和之前的绝不会完全相同。每个体验的时刻都有精细的变化和微妙的差别。

在日常生活中，我经常急急忙忙，忘记当下时刻的本质是转瞬即逝。每日所见的后院草坪在我看来别无二致。我没有看见草坪底部缓缓移动又消失的蓝色、夜间覆盖其上的紫色和清晨雾色为叶片沾染上的灰白。"就像遵守一条规则一样，我们不够留心，"詹姆斯说，"同一事物以不同方式、不同距离、在不同环境下的外观、声音和气味。"[12] 我们对遍布在我们经验当中的诸多差异视若无睹，相反，我们生活在同一性和相似性之下：这片草坪和昨天的一样；该做的工作和昨天的一样；她说的话可能会和昨天的一样。有时候，这种生活更为轻松。然而，詹姆斯认为经验以这种方式呈现的话将带来某种严重的误导——这种生活可能更为轻松，但并非更好。为了稳定，我们牺牲了个性、可能性以及它们给予的美。我们的意识流产生漩涡并相互汇聚，变成咸水。

意识并非不能安定下来，缓慢流动，甚至静止。它可以，但只是暂时的。詹姆斯写道："就像鸟的生活由飞翔和栖息交替构成。"[13] 栖息，便是我们行进的人生中相对稳定的时段，那时我们的思想变得坚定且成形。但是，之后它又会改变。流速变化也许有高有低，可是鸟儿一直在移动——除非我们把它关起来或剪断它的翅膀。詹姆斯解释说："（当它的流速）非常快时，我们会从它当中或从它和其他什么东西之间察觉到一条通路、一种关系或一种转变。实际上，如果我们从总体上思考'美妙的'（wonderful）意识流，最先震撼我们的便是它各部分流速的差异。"[14]詹姆斯这段对于意识的描述并非无根之木。他使用"美妙"一词有其道理。美妙（wonder）源自古英语"wundor"，意思是"奇异的事、奇迹、令人极为震惊的事物"。詹姆斯让我们注意到一些非凡却极容易被我们忽略的事。

在很长一段时间里，我都不把"美妙的意识流"当回事。我就是不明白："我不去关注经验当中瞬息万变的变化。那又怎样？"直到我年龄渐长，获得了一种新的成年人视角：人到中年，即便实现了世人眼中的成功也不美妙。相反，这样的人可能感到疏离、乏味。我在 36 岁的时候逐渐明白这一点。在运用信念意志、建立健全心态的习惯方面，我以为我已经深得詹姆斯真传了。可是，纵使我发挥意志力，经历了一次离婚、一次再婚和一系列存在意义上的 180 度大转变以后，我仍然发现自己越来越频繁地对单调的生活感到茫然，因脱节感而痛苦。成家之后，我的状态比以前好多了，可以说是大幅进步——但是这一点让不适感蔓延，进而令我更加不安。我和很多人一样都以为再婚可以永久地改善精神生活。我错了。我毫无胜算。

我怕卡罗尔担心，没有告诉她我的不安。但她知道。我花越来越多的时间在瑜伽和跑步上，还独自旅游——试图寻找一些有意思的活动。有一年夏天，我拽上全家一块儿去了趟瑞士，想着阿尔卑斯山或许能带给我快乐。可惜没有。我开始吃药。停药。又吃药。我到底怎么了？我要么是没心没肺，要么就是真的把一切全搞砸了。要么两者兼有。大卫·福斯特·华莱士继詹姆斯之后说过："每个人都可以选择思考什么，去哪里发掘意义。"我想我应该试试，我应该让更好的事情占据内心世界。可是我又失败了，我也知道大卫·福斯特·华莱士 46 岁时在一根浴帘杆上结束了生命。以他为参照的话，我只有区区十年时间了。有时候我在夜里掐指算着自己距离那一天还剩多少日子。

∞

三年之后的今天，当我重新拿起詹姆斯的《心理学原理》，我开始注意到一些过去总是错过的东西。书中的大部分篇幅都在讲意志的力量——一种可以让人选择这一行动、这一思想而非其他行动、其他思想的活跃要素。然而，书中也呈现出一种完全相反的趋向，他希望教导读者们的不是如何活跃，而是如何接受。他教导读者如何在正确的时间，更重要的是以正确的方式让活跃变得有意义，既积极又开放。

说起来容易，做起来难。决心和实际追求，它们建构并且组织我们的生活，也让我们无法看清经验的全貌。我们往往将紧急的、眼下的事情和真正重要的、不平凡的事情弄混。我们的习惯，即便是好的习惯，也会让我们与更广的视野和更多的可能性隔绝开来。詹姆斯写道："我们对自身实际利益的关切盖过了其他的一切，让我们盲目、沉闷。"[15] 他在十九世纪八十年代对感知的调查成了一个预兆，后来发展为关于意识的范围与意义的成熟的哲学洞察：

> 大多数人的生命，无论是生理上的、智力上的还是道德上的，都在其潜能的非常有限的范围内活动。他们只动用了意识的一小部分，对于整个灵魂的资源也是如此。就像一个身体各机能完备之人习惯只动动他的小指头一样。[16]

詹姆斯是对的。我还活在相当狭窄的圈子里。现在这个圈子多多少少是由我本人划定的，或许它的界线仍得到我的小心呵护。人到中年的那些目标、期待——对我自己、我所爱之人的希望和恐惧——缓慢地改变着我理解世界、感知世界的方式，让我变得更激进了。像我这样的"井底之蛙"还有很多。詹姆斯这样描述这种状态：未注意到意识的基础是生动的变化，未经反思地假定体验到的每一个瞬间都和上一个瞬间相同，无法觉察它们的差异，因此无法理解事物的意义。

不过，想要取得新的视野也不无可能——可能循序渐进，也有可能顿悟。詹姆斯在十九世纪九十年代早期的一次讲座上说："内在意义上的更高的视野往往只有在一个人的外部世界死气沉沉时才会突然到访，并且为他的历史开创新纪元。"这一具有历史意义的时刻不是一个定义明确的选择的产物，也不受选择的控制。它不是简单地做出改变自己的选择——比如换一份工作、换一个伴侣、换一处住所。如果真的只需要做选择，那么获得一段"经验"就变得好像大笑这个动作一样：人们出于一定的意愿或倾向而大笑，但绝不可能因为被逼而大笑。我们有能力延缓或加速使用"内在意义上的更高的视野"，但如何培养它、维持它则是另一码事。如果一个人非常痴迷于强制力和自由意志的问题，而且相信生命的意义只受他本人的决定和实践的影响，那么上述讨论将成为令他烦躁的难题。难题在于，人类的意义取决于看清事物的发生和消退，"看清事物"的意思是不行动、不产生意愿，只是安静不动地注视别的东西。我很擅长强迫自己完成拜日式，然而静坐着，只关注眼前，还要觉察到其他一些事情就太难了。詹姆斯提出，必须缓和"信念意志"中"做得到"的心态，有时候想要平息，靠的是先验主义前辈们试图维护的存在的开放性。他写道："正如爱默生所言，在那些（打开视野的）时刻当中有一种深层的东西，它阻碍我们给那些时刻（而非其他所有的经验）赋予更多的现实。人被爱的激情震撼时，就像经历一场爆炸；又或者，人因为某些行动觉醒的自责慈悲之心，会变成从此笼罩在他头顶的云。"[17]

那么，把四十多岁的大半时间都泡在心理实验室里的詹姆斯，打算如何深入研究爱默生式先验经验？他获得了一些帮助——引导、预备和合适的环境。本杰明·布莱德于 1874 年出版了一本总共 37 页的小册子，题为"麻醉剂启示录与哲学关键"，此书指明了意识流中最深层、最快速的部分。布莱德持续关注寻找自我的经验——更准确地说，是超越自我。早在十九世纪六十年代初，他就提出了若干具体的研究方法。他在实验中引入一氧化二氮——俗称"笑气"——用来拓宽或突破自己对现实的常规感知。他原本想要径直写下实验时的体验，但是他为了避免招致批评，蛰伏十四年才出版《麻醉剂启示录与哲学关键》。布莱德探索了意识流人迹罕至的部分，它的流动和深度。他说："长达近十四年的实验让我确定，任何人都可以证明从神志不清到理智即将恢复的瞬间有一种不变的、可靠的条件（或解除条件），让存在的天赋得以释放。"[18] 这是美国第一份关于迷幻体验（trip）的详细报告。

1874 年 11 月，詹姆斯写下了对《麻醉剂启示录与哲学关键》的评论。这时的詹姆斯才结束体验勒努维耶经验不久，他乐于将任何自由的形式投入试验，这让他最终走上了本杰明·布莱德走的路。读了布莱德的说明后，他说："我忘了我是怎么拿到这本书的，但它非常'奇怪地'吸引我，我意识到这本书会是我日后思想的垫脚石。"这话不太诚实。他拿到这本书，当然是因为他对致幻现象感兴趣。有关布莱德在《麻醉剂启示录与哲学关键》中提供的亲身证言，詹姆斯写道："尽管我们现在对布莱德先生所说的'发现'将信将疑，但是我们既不应该与狼共舞，也不该横加批评。人们认为，无意义的生命最完满的结局是涅槃（或别的名称）。"[19]詹姆斯是个年轻人，还是科学家，秉持着这种探索精神，希望在自己身上看到涅槃。接下来十几年里，詹姆斯跟随布莱德的脚步，实验了不同剂量（甚至差点致命）的一氧化二氮。事实证明，"与狼共舞"的选择可能是对的。

布莱德和詹姆斯一样，对理性的作用和成年人不假思索的平凡生活感到深深的怀疑。人可以制订计划、抽象思考、提出主张，然而可悲的是，这些能力是用最重要、最有价值的东西换来的——现实的完整性和独特性。有了笑气的帮助，詹姆斯确信：真实世界超越任何常规理解。没有人能详述"理智即将恢复"时的体验——既欢欣又恐惧。有趣的是，他的一氧化二氮实验不仅批判了我们现实中的日常概念，而且詹姆斯更重视的一点是，它对夸大哲学的作用提出了警告。布莱德沿着这些思路强调"所有哲学的关键在于它本身不足以理解或以任何方式说明一切"。[20]这句话的意思并不是说远在人类智慧之外存在一个"一切"，一个可以收集砖片而构建出的完美的、统一的、整体的、无所不包的现实。相反，迷幻体验带来了相当新颖的思路。

　　詹姆斯为布莱德的观察做总结时解释说："简而言之，存在的秘密不在于知识外部无边的黑暗，而在于此处——我们眼前、我们脚下，被知识所忽视的这一面。"[21] "理智即将恢复"这个看似简单的体验向詹姆斯揭开了"存在的秘密"。从一种意义上说，所谓"发现"就是身体力行、开发新事物的冒险；从另一种意义上说，"发现"也是唤醒既存事物的行为。有时候，这种经验会意外地带你进入不同的、超出常规期待的领域。比如"即将恢复"：指意识即将恢复——人觉得陌生而悬浮的状态，但他很快就会落地。这是一类神秘主义的基础，其重点在于多元而非一元，流变而非静止。詹姆斯一向追求神秘主义的视野，但又不想招惹那种超越现实、掌控一切的"绝对"神明。因此"即将恢复"的体验让他上瘾。到十九世纪八十年代，他将以相关经验为基础形成他的意识理论。本杰明·布莱德的文本也确实成了詹姆斯思想的垫脚石。他认真选用"垫脚石"这个词，就好像他在穿越或探索一条溪流。

∞

我想，为了探索意识流而使用致幻剂是个坏主意。迈克尔·波伦 2018 年在《如何改变你的思想》[1] 中分享的经验并不适用于每个人。幸运的是，对于像我这样胆小的读者来说还有其他一些方法可以让我们更好地感知意识流，得到一点

---

1. Michael Pollan，美国知名作家，在饮食文化方面颇有建树。代表作有《杂食者的两难》《植物的欲望》《烹》。本书标题为 *How to Change Your Mind: What the New Science of Psychedelics Teaches Us About Consciousness, Dying, Addiction, Depression*，围绕致幻剂的原理和历史讨论了治疗、上瘾、心智研究等内容，是 2018 年《纽约时报》十大好书之一。

释放，体验到流动而非固定的经验。有的时候，光是仔细观察经验的边缘和断裂处就足以引发"恢复意识"的状态。超越的时刻——你可能会用"美丽""崇高"或"真正的神性"来形容它们——会在个体的强烈混乱中到来。那就像是某种东西被撼动了，它的碎片在我们的眼前坠落，我们观察着周围的事物，变得就像第一次看见它们一样。事实上，我十分怀疑悲剧和混乱能够在无意间扰乱我们习以为常的感知框架。为了介入世界，我们长久地采用典型的工具性方法，久到詹姆斯所谓的"纯粹经验"难以出场。准确地说，就在一个人跌入谷底的时刻，意义非凡的视野便有机会出场了。莱昂纳德·科恩写道："万物皆有缝隙，那是光进来的地方。"而且，会从你最意想不到的地方进来。

我的祖父生前遭了不少罪。他过世后，我们为数不多的全家人到齐，一起前往位于宾夕法尼亚州埃克塞特乡下的墓地，一个小山丘。那是个八月——潮气令人不爽。我们沉默地在心中向祖父献上敬意长达二十分钟。当时才四岁的小贝卡在车里睡着了，我把她怀抱在膝上，她温热的身体紧挨着我。我没有哭，可是我太想他了。他患有阿尔茨海默病，在过去五年里的大部分时间都面目全非。我不知道我为什么没有哭，或许和此刻躺在我身上的幼小身躯有关。她才刚刚出现在我们的生活中不久，会成为未来长久的陪伴。但她也总归会离开。树木在微风中拂动，水珠顺着我的鼻子淌下落入贝卡的发丝之中。母亲靠着我的肩膀坐着。午后的光线闻起来很温暖，透出绿色、黄色，然后渐变为蔚蓝，覆盖住我的双眼、我的脸。母亲问："你还好吗？你是不是有点晕了？"我只是摇了摇头。后来我跟她解释，当时我在经历"即将恢复"。

　　祖父的葬礼结束后的那一年，我读了卡尔·奥韦·克瑙斯高 [1] 的《春》。这本书很棒，讲述了悲剧有时可以带来意识的转机。作者的妻子在一个绵延无尽的冬季里过度使用安眠药，而作者慌乱地侥幸救了她。冬季过后，他写道：

---

1. Karl Ove Knausgard，著有《我的奋斗》。

春天的头几个礼拜，绿色还未全部造访，树木仍然裸露，大地荒芜依旧，就好像冬天赖着不走，让这儿的风景仿佛向四面八方敞开。这时候的阳光却拿出夏天般的十足干劲，没了玉米地、草地、树冠或者任何生长的东西，光线毫无遮挡、所向披靡地照射，凡所到之处都创造出一片自己的小天地，为自己扎根立足。在这样的春日，风景似乎显得无所适从，天幕下方的空气经由光线铺洒变得无比厚重。[22]

我们不常察觉到这些妙不可言的日子，因为我们将注意力和意志力都花费在其他看起来更加紧急的事项上了，比如工作、孩子、朋友或婚姻。只有当这些事项突然中止，我们才会注意到那些我们熟视无睹的事物：天幕下体积庞大的空气和光线毫无遮挡地铺洒。这种开放性往往因为某种断裂而出现。无论如何，对于詹姆斯而言，在追求有意义的生活的过程中，没有什么是比行使自由更重要的。克瑠斯高对春天的描述和詹姆斯在《心理学原理》中试图描述的"开始即将恢复"（"在某些时刻，人有晦暗的、不受限制的、无限的感觉——一种一般意义上的存在感"[23]）是多么相似啊。

"一般意义上的存在感"不是通过"捕捉"或理解（即找到同义词）或端详（即分类梳理）而"获得"的。它会打破我们常规的理解方式。有些书可以证实它的意义和真实性。比方说在二十世纪美国文化中就有突出的一本书，休斯顿·史密斯说："要我说，这本书是西方最'道家'的书——除了梭罗的《瓦尔登湖》以外。"那就是亨利·巴格比的《内心的早晨》。巴格比受到詹姆斯和梭罗的影响，不是一般的哲学家。二十世纪五十年代，他从普林斯顿获得博士学位后在哈佛任教，不过不太适应：因为他感兴趣的是经验，不是细致的分析。如果他像詹姆斯一样在十九世纪晚期写作和任教于哈佛，他可能会领导该系和该专业。但事实上，他被迫离开了常春藤，在学术落后的蒙大拿大学度过了许多年。

《内心的早晨》标题取自梭罗对"醒来"的描述，其内容是极为私人化的哲学反思，从一系

列日记进入，展示了一个年轻人的沉浸式经验如
何支撑他的哲学生活。詹姆斯的意识流研究着重
于经验的动态领域，并且向读者发出邀请。巴格
比则告诉了读者潜入水流的感受如何。他解释说，
他在大学预科的日子里，冬天会缓慢地开化，而
当其发生时，学校后面沼泽地里的冰面也会融
解。是时候"进入沼泽"了。他写道：

　　在沼泽地走动，有时候你会碰到冰块，但
这些不牢固的冰块基本上无法承受住你……茂盛
的草簇异常坚实，让你一开始总想着别把自己弄
湿……尽管没有冰，土地有点潮湿，你也绝不会
下去涉水。但是，无论你对跳跃多么自信，总会
有一块草簇的位置稍稍远于你的落脚点，或总有
一块草簇会滚落……沼泽地里的积水让人无法躲
开……一旦落入，你会被一个念头所控制，那就
是你会任凭自己陷在沼泽、积水之中，并且不可
能有别的选择。这水有多深啊？[24]

　　巴格比追随詹姆斯的意志，他理解了当我

们失去意志即"任凭自己陷在沼泽之中"之时，可能正是我们醒来、发现事情的转机的充分时机。他承认这种体验不是"非常好受"。不像你看看网飞（Netflix）或玩玩苹果手机（iPhone）那样。巴格比认为"无须质疑，沼泽地里有存在之喜悦，荒地中蕴含内在性"。[25]

我们不必为了让水和光进来或者为了得到詹姆斯所说的"更高的内在视野"就去打破、打碎我们的生活。但是，老亨利·詹姆斯观察到，人们渴望重新审视生活的程度确实往往因陷入消沉或危机而提高。深水之中有一种喜悦。人在深水中，不得不尽力触及水面或水底。黑暗有其美德——它迫使我们竭尽目力。

1885 年，也就是痛失小儿子的第二年，威廉·詹姆斯做出的反应是逃到一块新买的土地上，地点是新罕布什尔州怀特山脉乔科鲁阿山上的小镇。那是一座漂亮的房子——护墙板、山形墙、雪松木瓦——然而它的主人却把绝大部分时间花在附近的林地里，有时候就待在林地里不出来。房子位于一块平坦草地的中央，但詹姆斯曾经希望把它建在山上，这样一来可以利用有利地势纵览风景。为此，他运来了几吨土。可是，乔科鲁阿山基本上是无法改造的，你只能体验它：高约 1060 米的崎岖山体，底部绵延数千米的湖泊，连接起高处和深处的泉水。这是一个未被开发的自然之地，存在的神秘性可以延伸到意识的边缘。意识在这里得以生长。

"我最渴求的东西，"詹姆斯为乔科鲁阿山之行写道，"是野生野长的美国乡村。感官的强烈求知欲需要它。"[26] 具体来说，他需要什么？詹姆斯提出，是对开放空间的偏爱，是对于尚未实现的可能性的冲动。查尔斯·桑德斯·皮尔士曾经呼应爱默生写过"经验是唯一的老师"，用爱默生的话来说，"生命是一连串惊喜"。[27] 来到野生野长的乡村（如怀特山）会让我们手足无措，但是这种彻头彻尾不知所措的感觉也会让我们更加成为经验的好学生，让我们习惯许多小小惊喜。[28] 经验不是静止不动的。经验既不会简单重复，也不是只有一种颜色、一种模式，不是铁板一块。只有在我们对经验的边界和流动中发生之事毫无察觉时，经验才会看起来那么死气沉沉。詹姆斯写道，他们在乔科鲁阿山的房子有"14扇门，全部向外敞开"。向外——这便是詹姆斯的意识研究的方向。

詹姆斯在《心理学原理》中坚持自己的意见："总的来说，经验自身可以通过扩展其边缘生长。""一个时刻通过过渡流转到下一个时刻，无论这些过渡是否具有关联性，它们都在延续经验的组织（tissue）。我认为这一点是不可否认的。生命在于过渡，也在于连接的过程。"[29]詹姆斯花了很多时间待在乔科鲁阿山的乡野间。关于意识边界的生长，他写道，那"就像农夫着手燃烧干燥的秋季田野时，那条贯穿过去的细细的火舌"。[30]火舌便是不断移动中的"过渡"所在的位置，也是过去和未来、死亡和重生短暂相会的前线。这就是当下——生命中一切故事发生的地方——我们正为了忽视它而承担最大的风险。

这些可能都是对的。但是，在这个名利场般的世界，当下时刻的价值微乎其微：它无法商品化，无法被包装，无法嵌入屏幕观看。你无法妥善保管它，也无法储存起来以备不时之需。詹姆斯认为，意识的过渡的价值恰恰在于它们会将我们卷入其中，并且摧毁我们任何限制它们的企图。它们的转瞬即逝，让它们如此珍贵。研究意识，失去一个孩子和父亲，林间探索，如此种种，令詹姆斯发现了爱默生在一篇重要文章（《论经验》）中所描述的，"经验"就是"一切事物的消逝和易逝。我们使最大力气抓紧它时，它便让事物从我们的指间滑走"。[31]因此，对于经验，我们最好别用力抓紧，而是靠近它，在它当中做见证者。在一份《心理学原理》的副本中我们可以看到，詹姆斯在这段关于意识流之不可捕捉的文本的页边处潦草地写下短语："见证者。"[32]见证者，不是企图对事情结果一锤定音的监督者，也不是仅仅观望事态的旁观者。见证者既置身事外，又参与其中；见证者着力于一个无目的性的目的：认真地见证自己所见之事的发展。谈到意识流，有一点类似公案[1]的性质在里面。我晓得最好不要清除这个认识。因此我努力了数十年向学生解释意识流。有时候我会放弃解释，只是指出曾经有过或体会过的经验。但是，我总体上不赞同维特根斯坦的看法："凡不能（详尽）谈论的，我们应该保持沉默。"以后我还会继续努力。解释成功的几率不大。但我希望一些失败的过程中会产生价值，甚至是生死攸关的价值。我认为"意识流"是詹姆斯对哲学做出的最大的贡献，不过并非出于当今哲学家经常讨论的那些理由。詹姆斯在后来的写作中不厌其烦地说明：一个人若是能够潜入意识流，或者适应意识流的神秘，将改善或从某种程度上拯救他的生命。有时候，也许仅仅见证这个世界的生机和动态就足以成为活下去的理由。

上述一切都无法表明，稳固的想法——即我们赖以生存的真理——无法从意识流中产生。詹姆斯便认为，人们随着感知的流动而思虑种

---

1. 禅宗术语，指禅宗祖师的一段言行或一个小故事，通常和开悟有关，有教学意义。

种，即"形成观念"的行为，往往是一种后见之明。人们回首意识如何时而漂浮，时而游动，时而沉没，接着试图理解这趟迂回曲折的旅程。旅行遇到的异常之处都经由人们的描述打了折扣，人们希望自己的世界观、思维习惯可以帮助自己越过险要地段，并且获得控制力。如果任由这种描述——哪怕是我们最美、最珍贵的故事——取代经验，那么它将掩盖"过渡"。据詹姆斯的看法，过渡才是生命之所在。

第五章

———

真理和结果

让我们今天得以生存的真理，明天可能变成谬误。

——威廉·詹姆斯，《真理的观念》

（*The Conception of Truth*），1907 年

所有的思想（thought），首先都是事后的思想（afterthought）。它们在事实发生后出现。与之类似，一个正式的哲学流派的形制也是在回顾中诞生的：它是描述一个知识社群（有些时间跨度非常长）的来龙去脉的方法。当今哲学圈公认威廉·詹姆斯是实用主义的创始人，实用主义是唯一一个发源于美国的哲学流派。我一直有意避开谈论他这个名头。如果我们强调故事中的实用主义，那么用我祖父的话说"一切都会本末倒置"。詹姆斯一开始并没有把实用主义当作哲学传统来看待。相反，他缓慢地、深思熟虑地，有时在黑暗中摸索着度过成年期的早期。不过我觉得他的那些摸索意义重大，要么可以救命，要么可以让灵魂好受些：和决定论缠斗，深挖自由意志，重视行动和形成习惯，敏锐地研究意识流。它们是帮助詹姆斯步入成年的多个方面。是的，实用主义正在萌芽，但非常缓慢，以至于到了二十世纪初，它的成形让詹姆斯大为惊喜。那时候詹姆斯已经养成了这样一种世界观：他想要把对科学事实的尊重和对更多东西的渴望结合起来。这一世界观被具体地表述为"实用主义"则大体上是后来的事了。1910 年詹姆斯去世后，他有一个朋友，也是邻居和同事的约西亚·罗伊斯评价说："我确信詹姆斯本人没有意识到他是一位名副其实的具有代表性的美国哲学家。他肯定没有为自己大书特书的野心。"[1]

关于为什么詹姆斯的所有文本都不曾集中讨论实用主义，还有一个原因。虽然现在实用主义通常被认为是一种认识论的立场，也就是一种关于真理和信念的本质的独特理论（它的确是），但是，人们往往忽略了实用主义同样是关于真理和人类意义、关乎人类存在的规范性立场。他在职业生涯中以许多方式构思实用主义格言，最终归纳为一个主张——真理是有用的观念。[2] 他知道这个说法强调真理的实际效用，会带来一连串问题：真理如何发挥作用？为什么发挥作用？它对谁发挥作用，发挥多久？接纳实用主义真理观的同时，意味着比一般的认识论专家（将认识理论化的人）走得更远。

我们应该记得，詹姆斯追寻着人们在日常生活中真正渴求的东西。他认为："你想要的是一个结合以下两方面的系统：一方面是忠诚于事实的科学性；另一方面是考量事实的意愿，简单地说，就是精神的适应和包容，同时包含对人类价值的古老信心和它带来的自发性，无论是宗教方面的还是爱情方面的。"[3]实用理论要求一个人永远尊重经验事实，同时认识到所有的事实都将导向或指明结果，而结果的意义是无法通过科学实验得到详尽评估的。我们要想清楚真理的结果带来的持久作用——既有道德的，也有审美的。在詹姆斯的理解中，做实用主义者也就是永远做生活的学生，向生活的意义和价值学习；这完全不同于"做哲学学生"。我作为职业哲学学者常常忘记这一点，便以詹姆斯的话语重新开始："哲学存在于词语中，但真理和事实以超越语言表达的方式进入我们的生活。"[4] 这个结论有意削弱哲学之宏大的错觉，是詹姆斯思想的真正内核，也是詹姆斯的实用主义框架不可或缺的内容。1908 年《实用主义》出版了，这是一本内容紧凑的惊人小书。詹姆斯在该书开篇就警告读者，把哲学从生活的真实中剥离出来是多么简单而有害的行为。他提到一个来自"西方学校"的学生，这个学生的毕业论文极大地反映出了这个潜在的问题：

　　该学生理所当然地说，走进一间哲学教室时，你必须和一个全然不同于你身后的街道的宇宙建立关系。他说，二者彼此毫无相似之处，你不可能同时专注于它们二者。街道属于具体的个人经验的世界，那是一个缺乏想象的世界，混乱、污秽、痛苦、烦扰不一而足。哲学教授向你展示的那个世界则简单、纯净、崇高。那里没有真实生活的矛盾。它的结构是古典的：理性原则是筋骨，逻辑必然性是血肉。它传递最多的是纯粹和尊严。它像一座在山上闪闪发光的大理石寺庙。

事实上，哲学远非对具体世界的描述，倒不如说是建立在具体世界之上的清晰补充，它是一个典型的避难所。理想主义者的幻想在这里逃避事实显露出的令人难以忍受的烦杂和哥特式特征。它根本不是对具体宇宙的解释，它是另一码事，一个替代品，一种疗法，一条逃跑路线。[5]

实用主义意不在逃避。当我谈到威廉·詹姆斯的哲学也许能救命时，我的意思不是说他可以让你脱离险境。以我的经验而言，它在我感觉良好的日子里能让我恢复精神，让我无畏无惧。詹姆斯提醒我们："别害怕生活。"实用主义不是山上的大理石寺庙，不是只有放弃了低地的人的存在才能企及。实用主义是一种我们早已身在其中的框架。詹姆斯有时称其为"走廊"，它将我们引向许多不同的门：门没上锁，你开始选择你想打开的门。它是方法，而非目的——它是前路，而非终点。我愿意把它想象成一个有许多门窗的房子——和詹姆斯在乔科鲁阿山上的家一模一样。窗户提供独特而广阔的远景；门则向不同的小径敞开，通往无人知晓的远方。无关崇高，亦无关伟大，这里是一个行动和邂逅的场所。但有些时候，实用主义的重点或许就是超越。

从哲学的角度看詹姆斯的目标太难了，几乎不可能实现，至少他一个人办不到。他想打造这样一种哲学：同时对于扭曲且往往矛盾的生活事实，以及我们当中的许多人对于超越生活事实的渴望都保持绝对诚实。他的原话是，他想提供一条兼顾"硬心肠"的科学家和"软心肠"的理想主义者的思想理路，这条理路将保全双方的价值。

英国的经验主义者大卫·休谟就是一位硬心肠的思想家。他对人类认识的前景抱有坚定的怀疑态度。"你想要真理？"这位硬心肠说道，"祝你好运吧。你永远都无法获得一丁点确定的事情。因为经验证据时刻在变，总是不会如你所愿。"这对詹姆斯来说太强硬了。诸如戈特弗里德·莱布尼茨这样的软心肠思想家则以系统论著称，他认为，真理由某种超人的力量或宇宙系统保证。"你想要真理？"反方发言，"你走运了。上帝已经为你准备好，你唾手可得。"这对詹姆斯来说又过于不强硬了。

实用主义的真理观不认同真理的特定形式前景渺茫，也不赞成所谓"简单、纯净、崇高"的"绝对真理"。实用主义的内在混乱的原因不是源于詹姆斯思虑不周，而是他希望对这两种极端的认识论立场起到调节作用。实用主义仍然是混乱、污秽、痛苦、烦扰的，因为生活本身是混乱、污秽、痛苦、烦扰的。但实用主义也是有希望的，因为生活常常需要它。这是一种为像我们这样的人而设的哲学——我们不是像石头那样无缘又无望的物体，也不是像上帝那样全知全能的高等存在。所以，就让我们别把自己想得比实际情况更糟或更好了。我们生来就在一个独一无二的折中位置上——介于阿米巴原虫和天使之间——但我们有机会发挥自我。詹姆斯似乎回应了爱默生在《论经验》里提到的一个观点，"中间的世界是最好的"。[6] 如果我们是阿米巴原虫或天使，那么我们能做的事应该会少得可怜，也肯定没有成就可言了。

　　大概是因为走中间路线的哲学不大令人满意，很多人希望从哲学家那里得到更多东西。我们希望哲学家超越普通人：找到我们生命中的良善，给我们全部答案，让我们绝对安全。我有个朋友曾突然一头扎进福音教派（这也是一种易懂的哲学），当她遇到悲伤或困惑的事情时，她就会说："这是有意义的，真的。一切都有意义——只是对你或我来说没有意义罢了。"她的言下之意是，某种神圣的强力安排好了我们的生活，即便我们感觉糟糕透顶。总之，这种说法丝毫不能宽慰我。她正是詹姆斯花费了大半生想要拒斥的决定论立场。这种立场和想要按自己的想法和观点、以真正有价值的行动在世界上生活的渴望背道而驰。我这位信仰宗教的朋友感到十分安稳，这得益于她的信仰。但是她放弃了什么来换取安稳？詹姆斯认为，只有当一个人有意斩断与现实的联系时，才能满足"理想主义"创造出一个全然规整、逻辑自洽且由神性统治的宇宙模型的冲动。

詹姆斯拒绝失去（和现实的）联系。从始至终他都致力于实验，和皮尔士一道，把实用主义方法和如今被大多数人当作现代科学方法的假设、预测和实证测试相提并论。事实也许就在那里，等着我们去发现；而真理是关于事实的故事，它并非"就在那里"，不像一个被人逮住、据为己有的猎物。实际上，真理甚至算不上现实的象征，因为它无法被客观厘清，也无法被完全复制。真理是我们的观念的象征，而且就像詹姆斯最亲的学生之一——拉尔夫·巴顿·佩里说过的那样："当我们使用的真理有助于达成目的时，它们便被固定在观念当中。"[7] 詹姆斯的原话是："真理在观念中发生。它是真的，是因为它使事件成真。它的真实性实际上是一个事件、一个过程，即它的自我验证，它的证明。它的正当性是其确认的过程。"[8]

希望精确地区分事实和我们对事实的理解，这个想法恐怕鲁莽而狂妄。今天，我们赖以生存的真理有望以某种方式符合现实，但它们很少能够和现实一一对应。另一种说法是，真理是表现的问题，它是对现实的解释而非完美复刻。它们是多种多样的抽象概念或符号，与世界相连。画出地理事物的图形，地图就能描述景观；交通标志指示实际情况，有人通过，有人停，有人即将抵达；绘画源于且诱发感觉闪现的事实；关于景观，关于事实，诗歌表达出我们无法言说的那一面；歌曲则反映生活的节奏，它糅合了美丽和悲剧。以上这些都是表现，尽管方式不同，但它们都是对事实的解释，都取得了实际意义上的"成功"。它们是否成真，取决于它们如何发挥作用。

两年前，我的实用主义讲座结束时，一位非常优秀的学生举手说："你的意思是，我所有的观念都是真的，是因为它们有用，因为我觉得它们正在发挥作用？那么实用主义只是相对主义，对吗？"她露出忧虑的神色。詹姆斯为这个问题发愁许久。回应这个问题可不容易。我停顿了一会儿，然后小心翼翼地作答："这个嘛，不完全是这么回事。判断一个观念应该以它们的实际结果为基准，但这不等于说在一个特定事件中，对一个特定的人有用的东西就一定是真的。重点不是你在还没有事实佐证的情况下，相信自己能让事情成真的'信念意志'；重点在于那些事实。"她迟疑地点了点头。操纵言论，暗中背叛，天衣无缝的谎言，荒谬的意识形态，等等，这些都是显而易见的恶行，但它们的目标都是（对某些时刻的某些人而言）实现令人愉悦的显著成效。詹姆斯明白：真理不是简单的权宜之计。

不过，这位学生问了个好问题。因为面对相对主义，詹姆斯也常常为了坚守住自己的阵地而陷入痛苦。相对主义（古代称为诡辩术）的立场认为真理仅仅是让个人或集体在任何特定时刻获取特定利益的功能。1885 年，詹姆斯发表了《认知功能》一文。后来他声称该文章就是"我的实用主义的源头和起源"。[9] 他在文中指出了实用主义真理观的核心原则，可以用来回应我那名学生关心的问题。

詹姆斯开篇就对"真理"和"成功的观念"做区分。他所说的"成功"不是由某一个人、某一个实际场景决定的，而是如同"成功"

（succeed）的字面意义（向前推进）那样，取决于许多人在一段较长的时期内实施的多次测试。在这方面它就像科学一样。任何特定的推演都只能暂时以临时方式得到验证。不走运的是，那种完全的成功、"大写的"真理，唯有在无限长的时间里实现；换句话说，那绝不是我们以人类的寿命应该奢望的东西。我们顶多期盼得到一些"小的"真理，供我们跋涉人生，多多少少指引我们成功地处理日常事务。这些确定之事当然有限度。詹姆斯说："让我们今天得以生存的真理，明天可能变成谬误。"[10] 这种谦逊的认识论是源于詹姆斯的坚信，他坚信我们的观念导致的结果必须负起责任，并且将我们带回经验的感官世界。

在很多情况下，詹姆斯认为人们仅通过对事实（那些能强化观念的事实，或与观念相斥的事实）产生信念，就可以自制观念，做出相对精准的预测，回答问题，达成共识。无视上述现实，或者将这些个人理解视作"假新闻"嗤之以鼻，那就等于完全放弃实用主义的方法了。真理在观念中发生，只有不断地推进与感知整体的对话，真理才会在观念中发生。这时，意识流要么延续它们，要么洗净它们，要么冲走它们。用詹姆斯的话说："感知是思想的大地，是停泊处，是坚固的岩石，是界限的始末，是起点，也是终点。找到感知的界限应该是我们所有更高思想的目标。"[11] 进而，我们的观念受到经验的考验：我们的理论和预测是否符合我们的知觉和感受？我们对事实的理解是否与我们的经验脱节？答案通常来得突兀，詹姆斯评价称："感知会摧毁错误的、自负的知识。"他的意思不是指感知将摧毁一切知识主张，而是摧毁其中错误自负的那些。经历过大浪淘沙之后，剩下来的是更有助于处理生活事实的理解或观念。

评价观念的成功不限于实验室。若是，那也是一个巨大的、未经消毒的实验室——世界。三十岁以后，我花了很长时间才真正理解实用主义方法——观念要受到经验的考验——具有多么重大的意义。卡罗尔和我决定要孩子的时候，我们俩做了一件典型的书呆子父母会做的事：上亚马逊买了一卡车的书，然后把它们读了个遍。根据专家们的建议，我们应该练习自我催眠分娩法[1]，相信自然分娩；应该在孩子两岁以前采用母乳喂养，因为配方奶有毒；应该使用布尿布[2]；应该喂自制的有机食物，因为店里卖的食物有毒；应该一直把孩子装在无论数量多少都方便组装的吊袋里；应该对孩子进行睡眠训练，否则我们得一直跟孩子睡，直到他或她成年；我们也不应该对孩子进行睡眠训练，因为这样无异于虐待儿童；我们应该跟孩子一起睡，也不应该跟孩子一起睡，因为一起睡会危害儿童；应该给孩子穿自制的有机衣物，因为店里卖的有毒；我们应该让蹒跚学步的孩子尽可能久地裸露。读完、学习完这些资料，我对于当父亲这件事自我感觉良好。我跃跃欲试。卡罗尔的妊娠周数比预期周数多了两周，第二天她将接受催产。第二天，做了催产。接着我们又等了两天——在医院里。

---

1. hypno-birthing，由催眠师玛丽·蒙根于 1989 年提出的通过催眠放松身心、减少疼痛的自然分娩法。
2. 可重复使用，区别于纸尿布。

孩子总算要出生了。卡罗尔已经打了很多催产素，贝卡几乎是弹出来的，就像一个气球缓缓地膨胀，直到不能再鼓。我在所有书里都没有读到，原来婴儿出生时是会吞进羊水的。抱歉，我知道这个画面让人有些不适。不知道为什么，贝卡刚来到这个世界时既不饿也不开心（后来她根本不吸吮乳房）。几个小时后，卡罗尔把贝卡交给我，然后匆匆地进入睡梦当中。我在隔壁房间抱孩子。这个小婴儿号啕着，最后把胃里那些恶心的液体全吐到了爸爸身上。她一直哭一直哭，因为她终于觉得饿了。我想问护士要一瓶奶，但护士拒绝了我的要求，告诉我，现在正是把婴儿抱回她妈妈那里的好时机。我向她保证现在应该给我一瓶奶。护士照做了。从此以后，贝卡不接受母乳。一口都不。还有，贝卡用不了布尿布；共同养育或完美的平等主义也无法实现。有些事情是从书本里学不到的。

我第一次为人家长的冒险不会让詹姆斯感到惊讶。经过细致的育儿学习，我已经形成了"应该是怎样"的稳固的认知。这套认知可能会

被罗马人称为"固定"（fixed，拉丁语 stereo）
"形式"（form，拉丁语 tupos），即"模式化
观念、刻板印象"（stereotype）。事实证明，模
式化观念不适用于我做父亲的真实经验，它帮不
到我。我知道，我本可以采取不同的行动。我可
以强行让经验符合我的成见，但这种"竹篮打水"
的行为在某些时候明显徒劳无益。我本可以读更
多的书或者思虑得更加周全一些，但詹姆斯可能
会提醒我：这么做的话，相当于改变我原本拥有
的观念。

有时候，最好的情况就是让经验自己说话，
由它的诉说形成一个人的理论。这就是詹姆斯鼓
励我们所做的事——寻找"感知的终点"——
经验的成败在此一举。在詹姆斯看来，形成以经
验为基础的思想还有一个优点。经验是共同的基
础，即人们尽管思想不同，但都会通过经验（多
次）达成共识。要评估任意两种理论的话，我们
要看它们各自的实践结果，并且找到它们的"感
知的终点"。如果它们的目的地一致，那么就可
以说它们在实践意义上是一样的。这一点适用于

看起来分歧很大的理论。应该从实践的角度检查它们，以便找出真实的、有意义的区别。

卡罗尔和我是很常见的那种家长，也绝对是很常见的那种离了婚的夫妻——我们的育儿理念不全然一致。我说得比较委婉。事实上我们在育儿方面的争吵是地狱级别的。我可以肯定在可预见的未来里我们还会继续争吵。哲学家们能在一大堆微不足道的事情上争得你死我活。试想一下吧，当两个哲学家认为一个孩子的美好的未来全系于仅仅一个意见分歧上的时候会发生什么。局面不妙。这些年来，甚至通过离婚，我从詹姆斯身上学到了一点。那就是他在《认知功能》的结尾处所说的，很多争论都像是"对着空气争吵；它们不存在感知方面的实际问题"。[12]他说得对：我们之间的很多争论是在争若干个模式化观念，而不是争观点的实践差异。所以，贝卡不是每次接东西时都说"谢谢"，卡罗尔和我应该为此争吵吗？我们应该钻研一番我们和女儿共同生活的经验，看看她会变成一个充满感恩之心的孩子还是一个恶毒的小暴君吗？我们可以认真观察我们面前的具体事实，一起寻找答案。如果我们忽视变化着的经验事实，詹姆斯写道："我们都会对彼此的一切感到茫然。"[13]如果两个人的争论不涉及共同经验，那么，他们只会自说自话。情况严重的话，他们会站到各不相让的立场上去。

现在，卡罗尔和我采取实用主义态度，打算严禁争吵（至少维持到第二天或下一个礼拜），共同照顾孩子，这样我们可以共享经验，有望对实际情况达成某种一致。事实证明，情况总是在一夜之间生变，我们会突然终止一场原本注定爆发的争吵。原因不仅在于我们冷静下来了，而且我们倾注了注意力。如果我们关注经验事实，就没有什么事是注定发生的。总会出现其他的可能。我们惊讶地发现我们俩都是愿意接纳合作的人，而且这个世界出人意料地向我们提供机会。当这类事情发生，我们无意打造一个完美无瑕的联合体（根本不可能实现），而是比离婚父母们的模式化观念做得更好、更诚实一些。要明确的一点是：我们还不算得心应手。我们只是在努力。

詹姆斯为自由意志所做的辩护萦绕在实用

主义真理理论中，它的作用在于保证改变是可能的。改变取决于我们自己。当我们面对生活的挑战，拥抱自由意志是对我们具有接受和成长的能力表示乐观的第一步。詹姆斯用术语"社会改善论"来描述这个欣欣向荣的世界图景：我们不是必然进步，但我们很有可能进步。在《实用主义》中，他写道：

从实用主义的角度看，自由意志意味着世上的新鲜事物，意味着我们有权利期待：在这个世界（无论是最内在的元素，还是表象）中，未来不会完全一致地重复和模仿过去。谁又能否认，的确存在大量的模仿呢？每一条次级定理都预设了普遍的自然齐一律[1]。但是，自然可能只是大体上齐一的。那些由世界的知识滋生出悲观主义的人；或者那些怀疑世界是否具有良善的特性的人，如果良善特性被证明是永恒存在的，他们的态度就会变得积极——这些人会自然而然地欢

---

1. uniformity of nature，由 19 世纪经济学家穆勒提出，认为在自然界中所有过去发生的事情，如果情况相似，那么未来还会发生。

迎自由意志，把它视为社会改善的学说。尽管决定论告诉我们，我们所有关于可能性的概念都源于人类的无知，必然性和不可能性支配着世界的命运。但是，自由意志为"起码进步是有可能的"提供支持。[14]

显然，有可能我和卡罗尔的育儿方式都是错的——难题的答案总有一部分是开放式的，但是实用主义者认为这种不确定性是人们共同寻找答案的过程中必要的部分。我们俩在离婚后共同养育孩子的困难局面中艰难行走，尽力走出自己的路。卡罗尔和我时不时地筹划一起体验贝卡的世界，我猜，詹姆斯会为我们骄傲吧。我可以非常肯定地说，当卡罗尔和我都积极地投入女儿的生活，关注她生活中流变的事实时，我们的内心深深交会，我们的生活也获得了质的提升。这就是我见到的真理，在我看来无懈可击。

∞

实用主义是一种关于生活及其改善的学说。就是这样。这样就足够了。还有什么比这更重要？除此之外，还有什么事情称得上"重要"？詹姆斯对于"真理"的兴趣仅限于那些能将我们从糟糕的境地中拖拽出来的适度的确定性。我们的生活仰赖于这些真理。在人生中最好的日子里，詹姆斯也清楚地知道这一点。1890年詹姆斯出版《心理学原理》，由此在学术界名声大噪。他本可以通过修订实证心理学的经典教科书，轻松地迈向职业生涯的终点，但是他没有这么做。相反，他运用自己的名声和收到的邀约在接下来的二十年里致力于改善论。正是这二十年让詹姆斯成为一名实用主义者。

詹姆斯是如何改善世界的？主要是通过和人们交谈教导人们。他有极强的写作天赋，而且据他学生所说，他还是一位好老师。1893年至1899年间，詹姆斯横跨美国，到许多地方做了大型演讲：从纽约州北部的肖托夸镇[1]，到弗吉尼亚州中部的温泉城，再到科罗拉多州的斯普林斯市，最后到伯克利[2]。那时候出行不便，"大型演讲"意味着有几百人跋山涉水前来听詹姆斯讲话。他偶尔会被邀请去专门讲解《心理学原理》，但更多时候是被邀请去广泛地谈谈政治关切、社会弊病和道德危机。在詹姆斯的时代，人们崇敬着担任公共知识分子角色的哲学家。随着哲学学科在二十世纪退回象牙塔，那段时光很快就过去了。詹姆斯逃过一劫，并且亲眼见证了哲学学科自我边缘化的过程。进入职业生涯的下半程，詹姆斯成了一位哲学家，实际效果将决定他的价值。有时他非常迫切地希望确认自己思想的重要性。

到了十九世纪九十年代，詹姆斯作为社会和政治改革者的生涯由一种连贯的哲学世界观统一起来，那就是拥护个人自由神圣不可侵犯，尊

---

1. 当时那里流行集会形式的成人教育，具有演说才能的人能够大展身手。
2. 这是一条由东到西横贯美国的路线。

重个体差异，有意义的行动至上，以及关注个体及其社群的现实经验。詹姆斯多次表示反对帝国主义——这是对自由的侵犯，反对酗酒——这是一种折损行动和思考的"生理缺陷"，反对教育科层制——它将智慧简化为可量化的东西，反对种族主义和私刑——它们反映出潜藏在我们内心的野蛮暴徒。这些主张并非詹姆斯一时兴起而后兴致转淡直至消失的副业，也并非（如后来罗伊斯所说）詹姆斯正式的哲学写作"顺便"带来的结果。他排斥一切形式的"大"——那些膨胀到极点的组织和思想，显示出它们的制造者是多么目空一切。詹姆斯目睹了大政府、大商业的发展，他感觉近乎恐怖。当罗斯福在十九世纪和二十世纪之交提出扩张策略时，詹姆斯蹦出了几个字："该死的大帝国！"[15]"大"导致一些渺小却至关重要的东西被忽视了——个体的潜在性。大的组织倾向于只将个体视为组织的一部分，而且是不重要的部分。大的思想倾向于依据类型、标签来理解人和经验，尽管它们在很多地方都不是一一对应的。在"大"面前，个体要么被利用，要么被同化。

鉴于詹姆斯对"大"的排斥，如果他的教学经验发生在没有人情味的"大"讲堂上，那就没有任何意义了。詹姆斯在哈佛的教学法着重于"小"——均根据学生的生活经验量身定制。他多次教授的哲学博士课程，以各种标准来看都是大学里最受欢迎的课程。他的课受欢迎是有道理的。詹姆斯的实用主义坚持认为，哲学仍然具有生死攸关的重要性。他的哲学博士课程涉及一系列关乎存在的话题，如真理、自由、上帝、恶、痛苦、死亡和人生的意义——而许多学者都极力避免谈论这些话题。他不会抛出干巴巴的幻灯片或真值表练习。爱默生说过："天才，用他对自身能力的无限信心激励我们。"[16] 这就是詹姆斯从事哲学教学和哲学写作的目标：鼓励学生与人生中最艰深的难题周旋，鼓励他们勇敢地坚持自己的主张。不过，这不代表他任由学生自生自灭。恰恰相反。詹姆斯和学生非常亲近，他也是哈佛为数不多的会在讲课时回答学生提问的教师之一。毫不意外，学生们非常喜欢他的课——

既充满智慧，又能提供情感上的联结。詹姆斯鼓励年轻人自我培养，也常常批评一些同事。因为比起培育每个学生身上独一无二的天赋，那些教师看起来更像是在为自己召集助手或寻找完美自我的复制品。

1899 年，詹姆斯汇总并编辑完成了七年前在剑桥市面向师生所做的系列讲座。这些《和教师对话》就相当于《心理学原理》的"克里夫笔记"[1] 版本，在詹姆斯看来"无聊得要死"。而最后三章题为"和学生对话"的内容，才是作者认为真正有价值的。这几堂课的主题是"一些人生理想"，它们清楚地记录下思想成熟的詹姆斯在"小"课堂上为学生描绘的关于存在与道德的信息。

其中一堂课的主题叫作"放松的福音"，对象是剑桥的一所女子文法学校，詹姆斯认为越来越多的学生正在成为他眼中"不健康的心灵"，为此他深入探究了她们的精神世界

---

1. CliffsNotes，帮助学生速读学校指定文献，掌握考试重点的小册子。

（Binnenleben），她们"被埋没的人生"。[17]
显然，詹姆斯不是要评价或羞辱这些女孩子。他
认同她们，并且试图改善她们的生活。在"不
健康的心灵"的精神世界里，"不光有各种久久
盘踞的后悔、因羞愧而止步的野心和被胆怯阻挠
的抱负，主要还有身体上的不舒服。患者无法精
准地说出哪里不舒服，而是滋长出一种普遍的自
我怀疑，认为发生在他（或她）身上的事情不
对劲"。[18] 这种自我怀疑往往可能是某种生理或
心理倾向的反映，不过詹姆斯不想让自己或学生
们向神经系统构造的命运认输。患者体验到的不
适感，可能源于他或她的致病倾向，詹姆斯希望
听众们直面它，很快，它便会在特定的环境下发
展并且得到培养。

　　对于很多人（尤其是詹姆斯讲座台下的女
生们和我们自己）而言，成为"生病灵魂"的
经验反映出本人被周围环境中或明示或暗示的期
许所束缚。在这种情况下，调整"精神世界"——
"他的意识独自待在它的秘密牢笼中，难以言喻
的内在氛围"——不是通过内省可以达到的，而

是要采取一种新颖的向外尝试。[19] 有些事一定要做。詹姆斯给出的建议很清楚：养成、坚持好的习惯，时常打破社会惯例。他尤其举了挪威女性的故事——她们开始滑雪，开始各项体能活动。她们与现有的文化脚本相背离，从而跳出了"趴在炉边的挪威虎斑猫"的刻板印象。[20] 当然了，不是人人都可以滑雪或者喜欢滑雪。詹姆斯的意思是，我们处在意识的边缘或开拓意识疆域的过程中，每个人都可以想象若干种令自己精神振奋的行动方式，万万不可让生命被贬抑、被失声。看一看意识的边缘地带。看看那里有什么？以及更重要的是，看看边缘为什么在那里，而不在事物的中心？是什么迫使它位于边缘？社会的良好运转得益于大众一致遵守社会规则，但是，社会的延续往往以牺牲个人独一无二的前途为代价。对于成年期的詹姆斯来说，既要迫切追求行动自由，又要明确地批判妨碍个人自由的社会结构。"在我们新英格兰，成天给人灌输责任感之必要性的宣传已经够久了，"他总结道，"无论如何，都被单拎出来宣传太久了——对女性的宣传太久了。"[21] 一个人打破社会的预设，往往被认为是不负责任的做法——违反某些社会习俗或责任。但是，犯下这种罪正是一个人主宰自己命运的方式。詹姆斯觉得这才是"负责任"的真意。

詹姆斯谋求真实，他也在学生面前赞美真实，即便学生因此忽视了自己的责任。格特鲁德·斯泰因[1] 曾是他的学生。有一次她不得不参加詹姆斯的考试，但她对此毫无兴趣。于是斯泰因没做卷子，而是在卷子的上方写下："亲爱的詹姆斯教授，我很抱歉，但我今天真的一点儿做哲学试卷的感觉都没有。"她只是因为"没感觉"就起身离开了。第二天，詹姆斯回了封便笺给她："亲爱的斯泰因小姐，我完全懂得你的感受。我自己也经常这样。"[22] 接着给了她一个班里的高分。教学的全部重心在于启发学生以各种非传统的方法运用他们的头脑和意志。詹姆斯给斯泰因打高分相当合理：她听从了自己真实的心声——

1. Gertrude Stein（1874—1946），美国作家，有"海明威的导师""'迷惘的一代'探路人"之称，代表作有《三个女人》《艾丽丝自传》《论毕加索》等。

这通常是一件有难度或被禁止的事情。

在詹姆斯看来，道德诚实不是我们具备遵守规则的能力的关键。相反，负责任的要义是接受自己的所作所为，即使不光彩，也要坦诚面对。是的，人们认为一个人承担责任是要符合他或她所属群体的标准，然而詹姆斯反驳道，我们终究得对自己负责，对某个行为所造成的或没造成的内在意义负责。"我现在的举动反映了'真正的我'吗？还是说，我只是半睡半醒，在我仅有的生活中演戏？"这个问题曾让早年的詹姆斯非常煎熬，却成为他道德观的坚固支点。在《论人类的一种盲目》，即"和学生对话"里的第二篇文章中，他写道：

只要生命传达出一个人的强烈渴望，他就能发现意义。在那里，生活变得有意义极了。这种强烈的渴望有的时候与运动相结合，有的时候与观念相结合，有的时候与想象相结合，还有的时候与反思相结合。无论它在哪里被发现，都会带来现实中的狂热（zest）、震颤和兴奋；那是无处不在，却唯一真实且积极的"重要性"。[23]

狂热：词根不详，指强烈的激情。詹姆斯认为狂热是人类意义的关键，而且"无处不在"。当我的灵魂病了，苦苦挣扎，我想那是因为我找不到、产生不了甚至假装狂热。詹姆斯说得对，狂热无处不在——运动中、观念中、想象中、反思中，可我到处都找不到它，这让我不好受。我经常像"斯泰因小姐"一样，找到让我最没激情的事物，让我彻底感到麻木、空虚。之后，我试着反其道而行之。中世纪神学家发现了"否定之路"——通过搞清楚神不是什么，从而更接近神。既然我从体验过的活动中都找不到激情，我就采取一种相似的方法，那就是避开那些格外令我麻木的活动。多亏了"否定之路"，我才熬过那段日子，而且后来将我带往一段充满狂热的体验。

我会尽量说实话：我终于体验了"狂热"，那是一种非常令人欣慰的释放，我想要牢牢地抓住它，就像攥紧救命稻草。如果狂热体现在另一个人身上，我会和这位新朋友或新恋人度过每一秒。如果对某种体育运动产生狂热，我会为之耗尽体力。如果狂热在写作或阅读中出现，我可以不眠不休。狂热就是如此让人陶醉，让人着迷。我过于投入狂热，实则出于彻头彻尾的独占欲。詹姆斯也有过这么激进的时候，但他最终看到了埋头猛追狂热的弊端：不只是狂热几乎总会消退，还有一点，那就是我们无法体会其他人经历的狂热。詹姆斯认为，沉迷于自己意义非凡的经验会酿成"人类的一种盲目"：

　　每个人都必定会强烈地感受到他（或她）的责任的重要性，以及那些召唤他们承担责任的时刻是多么意义重大。这种感觉是每个人心中沉甸甸的秘密，我们却徒劳地争取其他人的赞同。别人正沉醉于他们自己的重要秘密之中，无暇顾及我们。因此，我们的看法是愚蠢且不公正的，因为它们关乎其他人生活中重要的事；我们的评价是错误的，因为我们试图用一种绝对的观点去决定其他人的处境或想法的价值。[24]

狂热是人类意义的内在活力。但是，这份活力的诱惑也带来迷失自我的危险。我们很容易忘记，其他人的内心世界——他们的悲喜、他们的希望与失望——对他们而言就像我们的内心世界对我们而言一样直接且真实。我们注意到陌生人的场景就像注视一辆徐徐行驶的轿车的车窗：我们开车经过时扭头张望，然后目不转睛地注视里面。但在大多数情况下，我们都有意回避陌生人。不愿与人来往的心理植根于一种非常基本的自我中心主义。人们普遍相当自恋，这看起来是完全正常的。[25] 人是创造意义的生物，可是我们每个人基本上都只关注自己创造的意义。也许我们会把视线拓展至与我们直接相关的圈子（亲朋好友），但也仅此而已了。剩下的世界至少在真正的认知层面上说"远在我们之外"。

在《论人类的一种盲目》中，詹姆斯表明自己长期以来深受"短视"之苦。詹姆斯在前往北卡罗来纳的旅途中解释说，他曾穿过山区里的一片农村棚户区，那里没有美、崇高或任何有意义的东西，到处死气沉沉，狂热无处现身。他只想离开，越快越好。但当他正要离开时，一个想法让他停住了脚步。这个想法也常常帮助我在追逐狂热经验的过程中慢下来。那就是，有没有可能（甚至极有可能）住在这儿的男男女女、儿童和宠物等所有生命都在渴求相似的有意义的时刻？有没有可能，他们在自己的生活中渴求和追寻狂热的方式和我的一样？答案是肯定的。

仔细想想他说的话。詹姆斯不是说，我们透过暗沉玻璃见到的陌生人有着和我们一模一样的经验；不是说，我们应该把自己的愿望和欲望投射到我们在马路上、在超市里遇到的人身上。他完全不是这个意思。他想说的是，每个人发掘意义、体验狂热的方式都是极其独特的。换句话说，恰恰因为在"哪种狂热能让自己的世界变得有意义"这一点上有着不可忽视的差异，我们才会相同。与此同时，人们在找不到狂热以及狂热消耗殆尽时失落与悲伤的感觉是相似的，那是无法言说的疏离与孤独。我们以同样的方式感受自己的破碎。

在道德理论史上，道德团体往往由具有共

同的忠诚和特质的人组成。他们可能崇拜相同的神或价值观。他们可能都拥有理性，这赋予他们无与伦比的意义。他们可能都能体验痛苦和愉悦。然而，有一种人不常见——他们不崇拜"正确的"事，也不表现出"正确的"特征。这些越轨之人不被上述团体所接纳。通常，他们实际上遭受的待遇就好像他们被放逐了一样。基于共同性的团体格外地排外。

詹姆斯和早他约一百年的亚瑟·叔本华相像，他们都想找到一个基于差异性的道德团体。叔本华断言，人是"苦难的伙伴"。[26] 痛苦是"个体化的"，这意味着它是一种主观的、孤独的体验，但这正是社会世界内在的共同性。依叔本华所言，我们每个人都在自己独一无二的地狱中试炼，这是我们可以彼此分享的唯一事实。每个人的悲惨遭遇的确各不相同，不过，个中差异已经足够让我们对周围的人产生同理心。

我认为詹姆斯的哲学尝试和叔本华类似：每个生命都以自己完完全全独有的方式创造意义。当狂热来临，它最先造访人的内心世界——

这便是詹姆斯式团体的信念，同时并不消解他所珍视的个人主义。从始至终，他都想尊重差异和个体多样性。这比哲学家们提出的"不伤害原则"（我的自由止于你的鼻尖，我不能为了我的自由而伤害你）走得更远。詹姆斯追随叔本华的脚步，让这一观点真正知行合一。他用一段警告为《论人类的一种盲目》作结：

现在，所有这些考量和引证的结果是什么？有的人态度消极，有的人积极。它绝对阻止我们断言我们之外的存在形式是"无意义"的。它要求我们包容、尊重、听任其他人无害地沉浸在自己的小天地里，尽管我们觉得他们有点傻气。放手吧：无论是关于真理还是关于良善的一切，它们只向单个的观察者显露。而每个观察者都依据自身独有的站位坐拥一部分优越的视野。每一间牢笼、每一间病房都有特殊的启示。要求每个人忠于自己的机会、充分利用自己的福气就足够了。别妄想摆布余下的广阔天地。[27]

我们的理解力总是跟不上现实的"广阔天地"。没有一个故事可以把生活一网打尽；没有一个人做得到，哪怕是神。1897年，詹姆斯的朋友本杰明·布莱德写道，自己相信的"只有小写的神以及存在永无终点"。这同样是詹姆斯的信仰。用布莱德的话说："万事万物都在永恒中发生。"[28]永恒给予我们无数真理，而非一个支配一切的真理。任何事，只要是真的就会产生结果，就算是最最轻微的结果，这些结果对于我的"房子"、牢笼和（我再也不想去的）病房都有影响。根据詹姆斯的看法，我之所以拒绝思考这些，是因为我缺乏洞察力和想象力。他给出的建议非常简单：再努力一点。

∞

站在威廉·詹姆斯大楼的楼顶，目力所及之处都显得那么遥远。不过，如果你用双筒望远镜就可以勉强看到爱默生大楼二楼的窗户。那里是在詹姆斯的哲学事业接近尾声时建的，也是现在哲学系所在地。哲学系的罗宾斯图书馆内半私人、半开放的图书收藏为系里的老师、研究生和哲学专业的学生使用。图书馆里摆着一个奇怪但不显眼的物体。2011 年我第一次注意到这个东西时，它看起来一百多年没被人摸过了。有次这东西被塞在罗宾斯图书馆靠后的书架的顶上，大约 25 厘米高，锡制，哈佛本科生的完美酒器。

　　杯子上的刻字开始模糊了，但仍可以辨认："致威廉·詹姆斯教授，献上对他最后一堂哲学课的尊敬和钦佩，哈佛大学，1907 年 1 月 22 日。"[29] 这个冬夜，在爱默生大楼里，已经被广泛认可为哈佛专家教师的詹姆斯献上了他作为教授的最后一课，讲堂人满为患。到了给职业生涯画上句号的时候了，詹姆斯一如往常强调了大学正在慢慢地变化，但不是往好的方向发展。他说他该离开了，因为大学变得"太大"。1903 年，他为《哈佛月刊》写了题为《博士八爪鱼》的文章，文中讽刺而又令人不安地预言了高等教育的未来。他说，我们的大学将分裂成各个系的专业派系。并且，仅由派系文化所导致的高度专业化将（重新）定义我们的大学。教师——对生活的意义提出有意义的问题的人，将被"教授"——以钻研更多稀有行话的艺术为业的人取代。而赞美奖杯将被同行评审文章取代。[30]

你仔细看一看赞美奖杯，就会注意到博士生们托人在献词的下方刻了另一行字。那是少数流传至今的古希腊哲学家普罗泰戈拉的完整片段之一："人是万物的尺度。"我想，詹姆斯和这句话的关系既漫长又矛盾。绝大多数学者认为普罗泰戈拉宣扬的是一种怀疑论的相对主义——每个人都只接触得到自己的感知，因此真理和现实存在于观看者的眼中。紧接着得出：因此不存在客观的、绝对的真理。詹姆斯和他的哲学同行F. C. S. 席勒[1]一样，部分认同这一立场。詹姆斯在《论人类的一种盲目》中的原话便是："无论是关于真理还是关于良善的一切，它们只向单个的观察者显露。而每个观察者都依据自身独有的

---

1. F. C. S. Schiller（1864—1937），德裔英国哲学家，他的思想有一部分被公认为和威廉·詹姆斯的实用主义相似，同时他是皮尔士的实用主义的批评者之一。

站位坐拥一部分优越的视野。"[31] 也就是说，对于实用主义者来说，不存在一种无孔不入的、高高在上的立场评判真理的主张。相反，所有主张的提出都基于事情的发展（后来，芝加哥大学、哥伦比亚大学的实用主义代表人物约翰·杜威将这类具体的背景称为"问题情境"）。哲学一贯是经验的：它在经验中形成；评价它的方式是看它介入经验、丰富经验的能力。

尽管詹姆斯认同普罗泰戈拉的怀疑论，但他还是花费了此后的人生用于反驳实用主义"是一种缺乏道德或认识论主心骨的哲学"。伯特兰·罗素等人多次批评说，实用主义将效用置于其他所有价值之上，这是一种粗暴愚蠢的工具主义，非常容易滑向"怎样都行"的世界观。面对越来越多认为实用主义许可人们把眼前的利益和永恒的良善混为一谈的批评声，晚年的詹姆斯全心捍卫实用主义的准则。在《实用主义》一书里，詹姆斯解释道，证实真理的实际结果不会是局限的、守旧的，而是新兴的、遥远的、未定的。一个人也许需要在既定时间内以现有的真理行动起来——这是理想化的情况。有大量的真理仍未得到定论，可是直到定论出现，人们可以继续生活。詹姆斯相信，哲学可以在对客观真理和逻辑抽象的前景保持怀疑的同时不制造出恶性相对主义。

詹姆斯同意普罗泰戈拉的看法：人们永远无法触及事情的全貌，这很遗憾，因此他对于一切关于自然和意义的总括式主张都抱有怀疑。然而詹姆斯并不排除男男女女在面对不确定时选择奋勇直前的可能性。他的学生们（比如斯泰因、W. E. B. 杜波依斯[1]、爱德华·埃斯特林·卡明斯[2]、霍勒斯·卡伦[3]、威廉·厄内斯特·霍金[4]）都欣赏他对人类境况的务实态度。詹姆斯相信境

---

1. W. E. B. Du Bois（1868—1963），美国民权运动者、社会学家、泛非主义者，因领导尼亚加拉运动而闻名。他在哈佛大学求学期间曾受到威廉·詹姆斯的影响，专攻美国哲学。他是哈佛大学第一位取得博士学位的非裔美国人。

2. Edward Estlin Cummings（1894—1962），美国诗人，现代诗派代表人物。代表作有《大象与蝴蝶》《卡明斯诗选》《我：六次非演讲》等。

3. Horace Kallen（1882—1974），德裔美国哲学家，犹太复国主义者。

4. William Ernest Hocking（1873—1966），美国哲学家，曾师从威廉·詹姆斯、约西亚·罗伊斯、胡塞尔。他的主要工作是修正唯心主义，使其与经验主义、自然主义和实用主义相调和。

况是有弹性的，至少可能得到一时的好转甚至超越。这份信念也启发了学生们。对于詹姆斯的"信徒"来说，普罗泰戈拉向他们提出了一个存在的难题：你能不能活得像"万物的尺度"？你能不能活出宇宙中心的范儿？这些问题属于每一个坚定的人文主义者，他们相信生命的意义由每个生活者自己说了算。你可以心血来潮。继续吧。只要明白你的生活取决于你的行动。如果"人"真的是万物的尺度，那么人们必须准备好承担绝对的责任。

∞

我很确信，詹姆斯的赞美奖杯上那段激进人文主义的刻字在今天的文化环境中存在让我们迷失的风险。我也很确信，这将给许多在罗宾斯图书馆学习的学生带来另一个更隐蔽的迷失的风险。爱默生大楼于 1905 年启用，它的建成象征着哲学专业化。建筑和教育事业都更加庞大。之后，哲学和哈佛心理学实验室都有了自己的大楼，从其他学科中独立出来。这些院系和它们的知识准则将会各自发展，从此泾渭分明。随着哲学在二十一世纪发展得越发孤立，它的重要性也将遭到损害。我望着爱默生大楼，它就像一个信号，标志着詹姆斯预言成真。所以詹姆斯一点儿都不关心爱默生大楼的建筑工程，他关心的是这幢新大楼入口前的题词。由詹姆斯和乔治·赫伯特·帕尔默领导的哲学教师委员会讨论了若干个方案，最后他们敲定："人是万物的尺度。"詹姆斯把这个决定递交给哈佛校长查尔斯·艾略特，并为刻字准备好了脚手架。

查尔斯·艾略特是哈佛的名人——真正的干"大"事的人。1869 年，年仅 35 岁的他就被委任为哈佛校长。上任后，他的一系列动作之中就包括推举詹姆斯担任生理学教授。尽管詹姆斯受惠于艾略特，但他并不掩饰双方在教育理念上的分歧。艾略特曾是詹姆斯的化学老师，而詹姆斯恨死了化学。化学的所有错误的方面都是那么无聊而实际——它的仪器化、公式化、重复性，就像十九世纪末主管高等教育的行政人员。

艾略特就是其中一员。他是个商人，也是个官僚。他这个人相对来说还不错，相当开明，但仍是官僚。在他手下，哈佛从一所小型学院扩张为一所全国性大学，再成为世界闻名的研究机构。他使哈佛变成一个庞大的金融体，经常动脑筋想收购街上的一所叫作"麻省理工"的小型学院。詹姆斯承认艾略特的"经济头脑是一流的"，但他也抱怨这位校长"缺点显著——言辞生硬、爱管闲事、斤斤计较"。[32] 在艾略特这样的人看来，詹姆斯涉足多个学术领域（生理学、心理学、哲学、宗教学）的做法必然是极为低效的。至于詹姆斯在课堂上给学生点燃关于存在的热火，在艾略特眼里可能不是小题大做就是单纯的无用功。

所以，当艾略特收到那份由（哲学）委员会举荐的题词时，他的反应和其他任何管理者一样——他无视了它。最后，他没有采用普罗泰戈拉备受争议的人文主义装饰爱默生大楼，而是采用了《旧约·诗篇》中的一句质问："人算什么，你竟顾念他？"这是来自哈佛的严格加尔文派的声音，或许是想提醒哲学系（或詹姆斯）别太傲慢。加尔文认为，我们应该从这句经文汲取到：人不是万物的尺度，他写道：

我们看到，人们在世上悲惨地蝇营狗苟，其中有最卑劣的生物。因此，上帝以他的伟大和尊贵，他可能会蔑视他们，认为他们无足轻重。先知们……的意思是，上帝奇迹般的仁慈表现得多么耀眼，他是如此高贵的、在天上四射威严的造物主，却宽厚地屈尊修饰像人这样悲惨而卑劣的生物。[33]

艾略特并不笃信宗教，但是他像他的加尔文派祖先们一样崇尚秩序，轻视个人机会。因为救赎是无法通过个人的努力、才智或意志力获得的；救赎是某种非人设计的运作，与我们这些无名小卒毫无关系。我们能做的最多只有把自己献给神圣的计划，并且心怀感激。詹姆斯对此简直不能更反对了。为了反抗，他耗尽职业生涯，创造了实用主义。

爱默生大楼的外立面揭幕后一年，詹姆斯收到了赞美奖杯。这个奖品令他宽慰。艾略特可以拍板大学里的建筑，但他无法决定学生和他们钟爱的老师之间发生的事，他们仍然认为人、人们的生活、生活的意义是万物的尺度。在我更多麻木的日子里，我想起那个赞美奖杯之所以被藏在爱默生大楼的某个房间里寂寂无名，是因为哲学系——更严重地说是我们的文化——已经不再关心教学或人类经验。可当我对詹姆斯的社会改善论变得乐观一点儿了，我又会得出另一个结论：或许赞美奖杯和詹姆斯的实用主义的处境仍是安全的，因为从它们的本质上说，它们就是不可侵犯的。

第六章

—— 求知和希望

生命之大用在于它可以被花费在使它更长久的事情上。

　　　　　　　　　　——威廉·詹姆斯，引自佩里

　　　　　　《威廉·詹姆斯的思想和特质》，1935 年两年前，十月的一个傍晚时分，我打算从我所在的曼哈顿的酒店步行去布鲁克林社区书店。那天很冷，日夜交替的时分让一切（连纽约风的灰色建筑）变得像在发光一样。我忙着向四周张望，差点儿错过了布鲁克林大桥底下小小的白色标志。标志上的绿色文字是刚写上去不久的："人生值得一过。"

生命的价值在很多人眼里从来都不是问题。它从来不会成为对话或辩论的主题。生命自然是在延续的，直到生命终结。但是那天，一个问题砸向我，此后也纠缠不休，那就是：如果生命的价值不容置喙，那么何必在刚上桥的地方竖立那个标语？我知道，这么做是因为时不时有人登上桥顶，试图来个快到感觉不到痛的一了百了。

1870 年，和抑郁症缠斗了数十年之久的詹姆斯写信给本杰明·布莱德，他说道："任何一个受过教育的人都会产生自杀的念头。"[1]

让我惊喜的是大桥的人行道空无一人，我可以独自欣赏风景了。布鲁克林大桥的最高点约为 84 米，被誉为工业社会的七大奇迹之一。在 1883 年竣工前，就有 20 余名工人在建造过程中死亡。第一个跳水（而非落水）的是罗伯特·奥德伦，他想证明人在高速下落后不一定会死。但他死了。在接下来的一个世纪里，又有将近 1500 人步他的后尘。平均每 15 天就有一人在东河跳水身亡。那个标志救了多少人的命我不清楚，我倾向于认为它收效甚微。[2]

桥身的最高处十分寒冷。我看了看港口的自由女神像；又看了看詹姆斯度过童年的曼哈顿，再看了看桥底下。河水竟带来一种令人毛骨悚然的自由——在决定生死的瞬间，无论选择哪头，时间都将无穷地延伸。尽管詹姆斯的作品占据了我大部分成年后的时光，但这种自由对我仍具有诱惑力。我想将来也不会改变。实用主义也许能救你一命，却不会一劳永逸。这是一种始终与经验、态度、事物、事件（哪怕它们是悲剧性的）相调和的哲学。詹姆斯有时候会表现出对亚瑟·叔本华之悲观主义的鄙夷，他拒绝向这位德国哲学家的纪念碑捐钱。但是，詹姆斯的遗稿透露出对这位冷酷的哲学家的深深敬意——叔本华毅然冷眼凝视人类存在的阴暗面。他与迅速迫近的黑暗展开残酷的较量，这需要勇气。

依詹姆斯看，大桥底下的标志应该重写或至少改为："人生值得一过——也许吧。"1895年，他曾为来自剑桥基督教青年会的年轻听众们解释过："生命的价值取决于生活者。"[3]生命的意义取决于我们每个人对生活的意愿。近些天来，每当我站在高处朝下看，感觉头晕目眩时，我总会想起2014年从威廉·詹姆斯大楼纵身跃下的年轻黑人小伙史蒂芬·罗斯。[4]詹姆斯的后半句"也许吧"本可以救他——告诉罗斯，他仍然主掌自己的命运，自杀的决定也许有道理，甚至值得尊敬，可是活下去的可能性亦然。可能性还在——始终在，一直在，即使生活是一堆充满怨恨的烂摊子——等着他去发现。在罗斯看来，选择去死就是他唯一可以做的自由自主的决定，但是詹姆斯总是提醒人们：不，可能还有其他选择。

绝大多数人相信人们可以通过任意方式行使自由意志，常见的有培养新的思想或行为习惯，而不一定要通过自杀。情况就是这样。即使自由意志不现身或不现实，导致一切选项都走不通了，人们还是可以选择去看什么，回顾什么。这同样是有益的。詹姆斯说道："智慧的艺术，就是懂得睁只眼闭只眼。"[5] 也许这些可能性能让史蒂夫·罗斯活得更久，也可能不会。我不想做这个假设。

造成跳桥者悲剧的推动力之一，就是假装你知道他们不知道的事情，比如：生命有绝对的价值，他们无疑正在错失一些显著价值。这时，他们正站在桥的边缘。我猜他们会对这种说法感到极度的不信任，并且咬定自己的主张。他们可能会为了证明你的错误而跳下去。其实，你确实错了。詹姆斯在《论人类的一种盲目》的最后请求读者们注意，人们往往无法了解其他人是如何体验生命意义的。所以，还是保留那句"也许"吧。

当夕阳掠过城市，我眺望着河水，想到晚上会有成千上万颗星星再一次与数不胜数的灯光遥相呼应。灯光暂时占上风，而星辰会在更漫长的时间里闪耀。在这两端之间，任人怎么猜测都行。我想，詹姆斯的"也许"是一个关于生命价值的开放式提问，目前我相当受用，一是因为它描绘出了像我这样一个总是怀疑生命价值的人的存在状态；二是这个开放式提问也大体适用于宇宙。从最小的真核生物到最复杂的有机系统，世界万物都在做自己的猜测，这就是逻辑推演的第一步——"推理"。多亏了美妙的猜测，我们才会适应、成长，才有意义。和皮尔士一样，詹姆斯相信这个世上充满了假说，正是"也许"让生命在各种意义上变得有可能，让我们的生活有价值。詹姆斯认为，如果秩序足够完美，星星就不会燃烧，更不会出现在人们的视野中；人则是未被预先安排好的。就像他最喜欢的一篇韵文，爱默生的《圆》里的一句："让我提醒读者，我只是个实验者。"[6]"也许"仍在持续，或者说"也许"想持续多久就持续多久。它让我们有了去看、去期待、去经验的对象，这是最好不过的了。连续的变化带来连续的奇迹。詹姆斯曾经多次遭遇其他实践方式的失败，是偶然性的神秘感帮助他坚持下去。在《宗教经验种种》里，成年期的詹姆斯写道："在关于人类本性的事实中，最具有特色的莫过于人想要过偶然性的生活。偶然的存在使两种生命不同……一种旨在服从，一种旨在希望。"[7]

∞

如果你在桥上扔个东西下去，它只会激起河水表面的一层水花，接着迅速消失。就是"消失"（gone）这么简单，像"死了"（dead）、"命运"（fate）或"失去"（lost）一样，两个字表示完结。你再怎么努力也无法挽回或复原。这些年来我一直在想，把一个珍爱之物投入水中的话会怎么样，我指的是远比钥匙或苹果手机珍贵的东西。如果是个小物件，我猜应该是找不回来了。我很乐于为这个扔东西的场景想象出不同的版本：钥匙、苹果手机、钱包、关系、生命。也许万事万物的离去都了无痕迹。有的哲学家非常钟意这种解释：一切都在逝去，直到宇宙终结的时候，世上不留一物。我不赞同这种说法，威廉·詹姆斯也是。宿命论的必然性和詹姆斯的"也许"截然相悖，也站在希望的对立面。失了希望，我就活不下去。

往一条浅河里扔个物件——小石子或手机。扔进去，让它沉睡河底。如果是在静谧的夜晚，河水静流，一波追一波，悄无声息。那么，物件入水的那个点虽然最先消失了，可是它带来的结果是同心圆辐射的涟漪。如果是在有陡峭河岸的狭窄河道，水波则会冲撞岸边，然后反冲回中心，再冲撞对岸。无论我们能否感知到，这轻微的扰动都是真实存在的。所以说，世上不会不留一物。

爱默生在《圆》中解释道："我们的生活是

做真理的学徒，懂得在每一个圆的周围都可以画上另一个圆。"[8] 这篇韵文出版五十年后，詹姆斯完成了《心理学原理》。他在书中发展了一种类似于同心球的自我模型。球的中心是"物质自我"，即我们的身体和物质财富。詹姆斯认为这通常是我们的生命中最具体也是最肤浅的方面。我们一般愿意为了第二层圆（"社会自我"）放弃物质财富，社会自我是一个人从朋友、家庭和所爱之人那里获得的认知。最外层叫作"精神自我"，需要在"智力的、道德的和宗教的理想"中寻找或体验。[9] 这是自我之中外延最广、最深远但同时也是最隐蔽的一方面，被许多人忽视。这就是我们内心的水波，哪怕未被完全察觉或难以描述，它都很重要。

詹姆斯在生命的最后十年开始提出人可能是万物的尺度，还有某种超越所有尺度的真实存在。尽管哲学向经验式发展，他却在 1907 年表示："我自己坚决不相信人类经验是宇宙中现存的最高级的经验形式。"[10] 看来，水波冲击对岸以后又温和地折回了原点。我们有时能感受到它们；在极少数情况下，它们会占据我们的全部感觉。在詹姆斯看来，能够深刻且有规律地感知到它们的人是非常突出的。因此，他在爱丁堡大学1901年举办的自然神学吉福德讲座上主要关注了这类人群。次年，他的一系列讲座被编为《宗教经验种种》出版。

詹姆斯从来不爱上教堂，在绝大部分的人生中对制度化宗教或精神自我的教义没有兴趣。他始终如一地关注经验与生活，到了晚年，他明显开始思考二者是否有宗教方面的可能性。他不愿意为这种可能性设限，因此在《宗教经验种种》中坚称："如果要求人们用最广泛、最一般的术语来描述宗教生活的特性，人们可能会说，宗教生活包括相信有一个看不见的秩序，我们的至高良善在于让我们自己与之协调，达到和谐。"[11]和看不见的秩序相协调的方式有很多，从来不必受限于某个教堂、某座寺庙。詹姆斯把四处搜寻到的案例塞进了《宗教经验种种》。为了探索这个不可见之物，他先是试验了精神类药物，再是走进了被现代社会当作江湖骗术且对之不屑一顾的属灵领域。在今天，人们极容易对难以清晰描述的不可见之物下判断，认为它们根本不可能被看见。

詹姆斯和妻子爱丽丝试图与已故的老父亲、小儿子联系。九月，詹姆斯拜访了莱奥诺拉·派珀，据说她能招魂，因此在波士顿成了人们一时热议的话题。尽管对派珀心存疑虑，但詹姆斯还是觉得这个女人身上可能有他所认为的"超凡能力"。[12]詹姆斯是个完美的经验主义者，他想更加周全地检查她的能力。幸运的是，有一个完美契合这项研究的新兴组织——由詹姆斯本人创办。美国灵魂研究学会于1885年在波士顿成立，旨在调查和"超凡能力"有关的一切。这个组织行事谈不上歪门邪道，但也不算循规蹈矩。创始人之一史丹利·霍尔是十九世纪七十年代末詹姆斯门下的哈佛博士生，拿到了全美第一个心理学学位。在詹姆斯的支持下，霍尔组织了一批研究者探究诸如通灵、探测术、心灵感应一类的事情。他们花费了统共数千小时（我没有夸张）

去调查不可思议之事和降神会司特[1]。到了十九世纪九十年代，霍尔主动辞职并宣布超心理学是伪科学。不过詹姆斯和他的好朋友（生理学家）鲍迪奇直到世纪之交还在掌管该组织。1909年，詹姆斯对这二十五年来的"捉鬼记"反馈如下：

我常常愿意相信造物主打算永远保持自然界的神秘，以激励我们求知、希望和怀疑，一切都是这样，所以尽管鬼魂、预言、敲击声[2]和来自灵魂的讯息似乎总是存在的，但它们永远得不到充分解释。[13]

自然偏爱躲藏。而人类，如詹姆斯，热衷于寻找。即便迷雾重重——或许也正因为如此——詹姆斯和他的同事研究者们仍然谨慎却鲜明地抱有希望。和当时其他的灵魂研究者不同的是，他们会将自己的研究汇编成文字并且出版。他们的材料没有任何总结性意义，但可

---

1. sitter，在降神会上求助于灵媒，希望与死者联系的人。
2. 指鬼魂透过灵媒的身体发出敲击声来表达自己的想法。

以当作一种探索，指明科学无法充分阐释的领域。组织成员及亲密伙伴们的记录形成了《美国灵魂研究学会杂志》(*Journal of the Sociery for Psychical Research*)，还准备了面向大众的《进程》(*Proceedings*)。这些文集的厚度令人吃惊：总共一万多页。介于求知欲和怀疑之间的是持久的希望。

詹姆斯开始做灵魂研究时，已经在生理学领域有了深厚的根基。然而，解剖学家基于事实的客观方法在理解人性时遗漏了一些至关重要的部分。他认为人不只是由观念和神经反应组成的一堆东西，不只是会灰飞烟灭的躯体。有一些重要的感觉被遗漏了。他期待着某种超脱、超越的东西，哪怕是鬼魂，只要它不受我们的物理生命的限制。在他的一生中，他曾经多次提到人有时候可以感觉到有"某种东西"在意识的边缘游荡。直到 1901 年詹姆斯写道："我非常相信，潜意识的一般问题……的重要性，它甚至有可能是心理学中最重要的问题。"[14] "潜意识"经常被人以"无意识"代替，但它们不是一回事。潜意识指的是一个稍低于意识阈的、可以在不完全显现的情况下被感知到的精神过程。我们得到的只是一点迹象、一个灵光乍现的"也许",但那个瞬间足以让我们抓住它。对于这类经验的扫视便是《宗教经验种种》的核心——它们的形式丰富,甚至过于丰富,导致难以取舍。奥利弗·文德尔·霍姆斯曾经开玩笑说,詹姆斯是那种会关掉房间里的灯好让奇迹发生的人。我觉得此言不虚。詹姆斯绝对时刻乐意准备体验不可见之物。关上灯以后,你的瞳孔会张大以便接收更多的光。在这一点上我不能责怪他。也许给我们惊喜的就是我们能看见的。也许这就堪称奇迹了。对于世俗怀疑论者而言,他们乐意接受的宗教体验是:住在深密处[1],享受当下。只不过《宗教经验种种》的前路更加深僻。

有时候,灯光越暗,你看得反倒更清晰。詹姆斯觉得像这样的现象只能用真正的"不可思议"来形容。《宗教经验种种》中描述了神职人员的

---

1. 语出《旧约·耶利米书》,呼唤以东人退居洞穴中,因为这样做更为隐蔽和安全,可引申为退居精神世界的意思。

"狂喜时刻"："一种更庄重的寂静使夜晚的静谧更加骇人。黑暗正因为不可见而更能让人感受它的在场。我无比相信在那里的是他，而不是我。实际上，如果可能的话，我觉得我才是二者中不太真实的那一个。"[15] 那个"他"在神职人员看来必定是上帝：但是，詹姆斯并不看重这种存在。"他"是一个非常古老的词，比性别、性古老得多，意思是"在这里"。我们看不见"在这里"的东西，因此更能感受它。詹姆斯和包括本杰明·布莱德在内的其他神秘主义者同僚能够从这个故事中得到源源不断的力量。德国神秘主义诗人诺瓦利斯写道："我们和不可见之物的联系比和可见之物的联系更加密切。"[16] 这同样是詹姆斯式实用主义者们乐于接受的一种可能性。

∞

在詹姆斯的年代，布鲁克林大桥还未出现，乘客需要乘轮渡跨河。沃尔特·惠特曼就曾是渡河大军中的常客。詹姆斯非常尊敬惠特曼，惠特曼也是《宗教经验种种》里豪放的"健全心态"的代表人物之一。詹姆斯有时会在攀登阿迪朗达克山脉时及检验不可思议之事时感知到潜意识，得到宗教式经验，而这些事情惠特曼在日常小事中就能做到，即便他身处肮脏的轮渡，其他乘客都为旅途感到不快。惠特曼并未不快。他在《草叶集》中的《过布鲁克林渡口》一诗中写下了当时的景象——自然的经验和人群的经验。二者都既新奇又充满希望，与你共赏：

他们将走进渡口的大门，从口岸渡到口岸，

他们将看到潮水汹涌，

他们将看到曼哈顿北边和西边的航船，看到南边和东边的布鲁克林高地，

他们将看到大大小小的岛屿，

今后五十年，太阳还有半个钟头就要落下的时候，将有人看到他们过河，

今后一百年，或者几百年后，又将有别人看到他们，

欣赏这夕阳西下、潮涨潮落。

时间和地点不起作用——距离不起作用。[1] [17]

詹姆斯反复品读这首诗。一首非常美妙的诗，一花一世界。惠特曼看待世界的方式足以"激起我们的求知欲、希望和怀疑"。[18] 世界从来不是也永远不会是它表面的样子。一艘肮脏的轮渡也可能不只是"一艘肮脏的轮渡"。还有其他的东西在——至少存在可能性。惠特曼所展示的宗教式经验和其他人经验世界的方式截然不同。詹姆斯思索着《过布鲁克林渡口》，写道：

当一个布鲁克林或纽约的普通人带着满身奢华和因个人事务造成的疲惫和憔悴穿过轮渡或百老汇时，他不会像惠特曼一样任思绪"飞向多彩的落日"，也不会发自内心地认识到这个不容置喙的事实：世界所包含的重要的神性及永恒的意义只会随时随地展现给他那双漫不经心的眼睛。[19]

---

1. 沃尔特·惠特曼著，邹仲之译：《草叶集》，上海译文出版社，2016 年。

　　然而，人不必麻木地活着。幸好，我们还有时间，还有其他的度过时间的方式。詹姆斯认为人们（即便是实用主义者）可以获得有安全感的时间流动的周期。当这种时刻到来，人们有机会获得宗教式体验（詹姆斯语），那就是进入"一种心态，只有宗教人士懂得，别人都不懂得。这个人愿意保持沉默，在上帝的洪水和海龙卷中做一个'无'。有了这种心态，我们最恐惧的便成了我们安全感的寄托"。[20]

　　我再次眺望自由女神像，接着望向水面之下。太阳正在下落。我试着用惠特曼和詹姆斯所希望的方式凝视落日很久很久，久到足以为自己仍有这个机会感到高兴。

致　谢

　　本书是重新审视我在《美国哲学：一个爱情故事》中涉及的一些主题的机会，特别是在这段爱情破裂之后——对我具有个人意义，而且难以面对。本书也是再次探索詹姆斯的坚持（生命的价值取决于生活者；人类在一个充满自由、爱和失去的世界里最有活力）的机会。本书既没有指明方向，也没有明确的路线，但到头来或许这样是最好的。

　　感谢凯西，在写作本书期间支撑我的生病灵魂；感谢道格拉斯·安德森二十年来在生活和美国哲学方面的指导，特别是威廉·詹姆斯的哲学。W. V. O. 奎因曾经评论他的哈佛同行、《内心的早晨》的作者亨利·巴格比是"审视生活的终极典范"。我认为，道格拉斯也应在此列，我为拥有这位良师益友由衷感到幸运。

　　我作为圣菲研究所的米勒学者完成本书，得到了比尔·米勒和圣菲研究所所长大卫·克拉克尔的慷慨资助。感谢罗伯·滕皮奥和马特·罗哈尔两位编辑的支持，感谢经纪人霍夫曼不同阶段的细致阅读。亚历克斯·卡夫卡、彼得·卡塔帕诺和萨姆·德雷斯等编辑帮忙修订了部分章节的早期草稿。

注　释

前言　"厌恶人生"

[1] Ralph Barton Perry, *The Thought and Character of William James* (Atlanta: Vanderbilt University Press, 1935), 1:119.（译注：该书获得 1936 年普利策传记类奖。）

[2] Image discussed at length in Howard Feinstein, *Becoming William James* (Ithaca, NY: Cornell University Press, 1984), 250. Discussed in John Kaag, *American Philosophy: A Love Story* (New York: Farrar, Straus and Giroux, 2016), 32.

[3] William James, *The Varieties of Religious Experience* (Boston: Longmans, Green, and Company, 1902), 169.

[4] Cited and excerpted from John Kaag, "Mad-

ness and Civilization in Cambridge", *The Towner Magazine,* March 10, 2016, http://www.thetowner.com/madness-civilization-harvard/.

[5] William James, "The Sentiment of Rationality", in *The Will to Believe and Other Essays in Popular Philosophy* (Cambridge: Cambridge University press, 2014), 62.

[6] Madeline R. Conway and Steven S. Lee, "Alumnus Jumps to His Death from William James Hall", *Harvard Crimson*, February 7, 2014, http://www.thecrimson.com/article/2014/2/6/william-james-grad-death/. Cited and excerpted from Kaag, "Madness and Civilization in Cambridge."

[7] William James, *Is Life Worth Living?* (Philadelphia: S. Burns, 1897),9.

第一章　决定论和绝望

[1] Statistics from "Suicide Statistics", American Foundation for Suicide Prevention last accessed October 29, 2018, http://afsp.org/about-suicide/suicide-sta-

tistics/.

[2] Henry James Sr., *The Literary Remains of the Late Henry James*, ed. William James (Boston: Houghton Mifflin Co., 1884), 62.

[3] Ibid.

[4] Henry James Sr., *A Small Boy and Others*, ed. Peter Collister (Charlottesville: University of Virginia Press, 2011),173.

[5] Ibid., 27.

[6] William James, "To Henry James Sr.", *Selected Letters of William James* (New York: Farrar, Straus and Cudahy, 1961), 9.

[7] Albert Camus, *The Myth of Sisyphus*, trans. Matthew Ward (New York: Vintage, 1991), 12.

[8] *The Blue-Eyed Child of Fortune: The Civil War Letters of Colonel Robert Gould Shaw*, ed. Russell Duncan (Athens: University of Georgia Press, 1992), 29.

[9] Ralph Barton Perry, *The Thought and Character of William James* (Atlanta: Vanderbilt University Press, 1996), 203.

[10] Louis Menand, *The Metaphysical Club* (New York: Farrar, Straus and Giroux, 2002), xi.（译注：该书获得 2002 年普利策历史类奖，中译本《形而上学俱乐部：美国思想的故事》由上海译文出版社于 2020 年出版。）

[11] William James, *The Moral Equivalent of War and Other Essays* (New York: Harper Row, 1971), 31.

[12] Cited in Perry, *Thought and Character of William James*, 67.

[13] Cited in Paul Croce, *The Young William James Thinking* (Baltimore: Johns Hopkins University Press, 2018), 50.

[14] William James, "To H. G. Wells. September 1, 1906", in *The Letters of William James* (Boston: Atlantic Monthly Press, 1920), 2:260.

[15] Arthur Schopenhauer, *Studies in Pessimism*, trans. T. Bailey Saunders (London: Swan Sonnenschein, 1892), 13.

[16] James, "To His Father. June 3, 1865", in *Letters of William James*, 1:47.

[17] James, "To His Parents. April 21, 1865", in *Letters of William James*, 1:58.

[18] For a detailed analysis of James's Stoic background and reading, in addition to his quotation, see Robert Richardson, *Williams James: In the Maelstrom of American Modernism* (Boston: Houghton Mifflin, 2006), 79.

[19] Williams James, "The Dilemma of Determinism", in *The Will to Believe and Other Essays in Popular Philosophy* (Cambridge: Cambridge University Press, 2014), 117.

[20] Josiah Royce, "William James and the Philosophy of Life", in *William James and Other Essays on the Philosophy of Life* (New York: Macmillan, 1911), 12-13.

[21] William James, "Huxley's Comparative Anatomy", *The North American Review* 100 (1865): 295. Also discussed at length in John Kaag, *American Philosophy: A Love Story* (New York: Farrar, Straus and Giroux, 2016), 79.

[22] James, "A Letter to His Father. September 5,

1867", in *Letters of William James*, 1:95.

[23] Schopenhauer, *Studies in Pessimism*, 25.

[24] Friedrich Nietzsche, *Beyond Good and Evil*, trans. Helen Zimmern (New York: Macmillan, 1907), 98.

[25] Martin Buber, "The Man of Today and the Jewish Bible", in *The Martin Buber Reader: Essential Writings*, ed. Asher Biemann (New York: Springer, 2002), 57.

[26] James, "Dilemma of Determinism", 153.

[27] Discussed at length in Louis Menand, "William James and the Case of the Epileptic Patient", *New York Review of Books*, December 17, 1998, http://www.nybooks.com/articles/1998/12/17/william-james-the-case-of-the-epileptic-patient/. William James, *The Varieties of Religious Experience* (Boston: Longmans, Green, and Company, 1902), 160.

[28] William James, *The Varieties of Religious Experience*, 160.

[29] Ibid.

[30] Ibid.

[31] Ibid., 158.

[32] Jean-Paul Sartre, *The Diary of Antoine Roquentin*, trans. Lloyd Alexander (London: Lehman, 1949), 17. （译注：即萨特的小说《恶心》。）

[33] James, *Varieties of Religious Experience*, 162.

[34] Ibid.

[35] Ibid., 117.

第二章　自由和生活

[1] William James, *The Varieties of Religious Experience* (Boston: Longmans, Green, and Company, 1902), 146.

[2] Ibid.,164.

[3] Ibid.

[4] This quote is often attributed to James, but the source remains unknown.

[5] John Muir, *The Athenaeum*, January 18, 1895, 77.

[6] Ibid.

[7] This passage is discussed often by commentators. Cited in Gerald Myers, *William James: His Life and Thought* (New Haven, CT: Yale University Press, 1986), 46; John Kaag, *American Philosophy: A Love Story* (New York: Farrar, Straus and Giroux, 2016), 137.

[8] Ralph Barton Perry, *The Thought and Character of William James* (Atlanta: Vanderbilt University Press, 1996), 153.

[9] Translated and cited in Alexander Gunn, "Renouvier: The Man and His Work", *Philosophy* 7, no. 26(1932): 185-200, 190.

[10] William James, "To H. G. Wells. September 1, 1906", in *The Letters of William James* (Boston: Atlantic Monthly Press, 1920), 1: 147.

[11] Cited and discussed in Robert Richardson, *William James: In the Maelstrom of American Modernism* (Boston: Houghton Mifflin, 2006), 148.

[12] William James, "Renouvier's Contribution to the *La Critique Philosophique* (1873)", in *Essays, Comments and Reviews* (Cambridge, MA: Harvard Univer-

sity Press, 1987), 266.

[13] James, "To Henry James Sr.", in *Letters of William James*, 1: 169.

[14] William James, "My Dear Harry. May 25 1873", in Perry, *Thought and Character*, 342.

[15] William and Henry James, "April 1874", in *William and Henry James: Selected Letters*, ed. Ignas K. Skrupskelis and Elizabeth M. Berkeley (Charlottesville: University of Virginia Press, 1997), 95.

[16] William James, "The Sentiment of Rationality", in *The Will to Believe and Other Essays in Popular Philosophy* (Cambridge, MA: Harvard University Press, 1979), 77.

[17] Friedrich Nietzsche, *The Gay Science*, trans. Josefine Naukhoff (New York: Cambridge University Press, 2001), 6.

[18] Cited in Susan Gunter, *Alice in Jamesland* (Lincoln: University of Nebraska Press, 2009), 29.

[19] Meaningful context for this correspondence is provided in Richardson, *William James,* 171.

[20] Cited in Paul Fisher, *House of Wits: An Intimate Portrait of the James Family* (New York: Holt, 2008), 326.

[21] Cited in Linda Simon, *Genuine Reality: A Life of William James* (New York: Harcourt, 1998), 159.

[22] Johann Wolfgang von Goethe, *Faust*, trans. John Anster (New York: Dodd, Mead and Company, 1894), 28.

[23] James,"The Will to Believe", in *Will to Believe*, 23.

[24] Ibid.

[25] Thomas Merton, *Love and Living* (New York: Harcourt Books, 1979), 47.

[26] Robert Frost, "Notebook 4", in *The Notebooks of Robert Frost*, ed. Robert Faggan (Cambridge, MA: Harvard University Press, 2006), 49.

[27] James, "Child to Lowell", in *Letters of William James*, 1:140.

第三章 心理学和健全心态

[1] William James, "James to Alice", in *The Letters of William James* (Boston: Atlantic Monthly Press, 1920), 1:142.

[2] Aristotle, *Nichomachean Ethics*, 1131b.

[3] William James, *The Principles of Psychology* (New York: Henry Holt, 1890), 1:104.

[4] Ibid., 1:105.

[5] Ibid.

[6] Cited and discussed in Georg Striedter, Neurobiology: *A Functional Approach* (New York: Oxford University Press, 2016), 80.

[7] James, *The Principles of Psychology*, 1:127.

[8] Ibid., 1:121.

[9] Ibid., 2:110.

[10] William James, "The Gospel of Relaxation", in *On Vital Reserves (The Energies of Men)* (New York: Henry Holt, 1899), 50.

[11] James, "To Shadworth Hodgeson", in *Letters of William James*, 1:232.

[12] Ibid., 1:199.

[13] Ibid., 1:200.

[14] Ibid., 1:235.

[15] David Foster Wallace, *This Is Water* (New York: Little, Brown and Company, 2009), n.p. （译注：中译本《生命中最简单又最困难的事》由北京时代华文书局于 2015 年出版。）

[16] Cited in Joe Fassler, "Amy Tan's Lonely, 'Pixel-by-Pixel' Writing Method", *Atlantic*, December 2013, https://www.theatlantic.com/entertainment/archive/2013/12/amy-tans-lonely-pixel-by-pixel-writing-method/282215/.

[17] James, *Principles of Psychology*, 2:379

[18] Ibid., 1:452.

[19] Ibid., 1:462.

[20] Ibid.

[21] James, "James to Lutoslawski", in *Letters of William James*, 2:175. This point is discussed at length in George Cotkin, *William James: Public Philosopher* (Chicago: University of Illinois Press, 1994), 114.

[22] James, *Principles of Psychology*, 2:117.

第四章　意识和超越

[1] Henry James Sr., *The Literary Remains of the Late Henry James Sr.*, ed. William James (Boston: Houghton Mifflin, 1884), 49.

[2] Cited and discussed at length in Linda Simon, *Genuine Reality: A Life of William James* (New York: Harcourt, 1998), 197.

[3] William James, Pragmatism: *A New Way for Some Old Ways of Thinking* (New York: Longmans Green and Co., 1910), 299.

[4] Colin McGinn, "Can We Solve the Mind-Body Problem?", *Mind* 98, no. 391 July 1989): 349-66.

[5] William James, *The Principles of Psychology* (New York: Henry Holt, 1890), 1:183.

[6] Ibid.

[7] Ibid., 1:196.

[8] Ibid., 1:226.

[9] Ralph Waldo Emerson, "Self-Reliance", in *First

Series of Essays (Boston: Houghton Mifflin, 1883), 52.

[10] William James, *The Energies of Men* (New York: Moffat and Co., 1911), 14.

[11] James, *Principles of Psychology*, 1:230.

[12] Ibid., 1:231.

[13] Ibid.

[14] Cited in Robert Richardson, *William James: In the Maelstrom of American Modernism* (Boston: Houghton Mifflin, 2006), 234.

[15] William James, "On a Certain Blindness in Human Beings", cached at the University of Kentucky, last accessed July 9, 2019, https://www.uky.edu/~eushe2/Pajares/jcertain.html.

[16] Ibid.

[17] William James, *Talks to Teachers and Students* (New York: Henry Holt, 1900), 243.

[18] Benjamin Blood, *The Anesthetic Revelation and the Gist of Philosophy* (Amsterdam, NY, 1873), 33.

[19] William James, "Review of the Anesthetic Revelation," *Atlantic Monthly*, vol. 34 (1874), 628.

[20] Cited in William James, *Essays*, Comments and Reviews, ed. Ignas Skrupskelis (Cambridge, MA: Harvard University Press, 1987), 287.

[21] Ibid., 288.

[22] Karl Ove Knausgaard, *Spring*, trans. Ingvild Burkey (New York: Penguin Books, 2016), 156.

[23] James, *Principles of Psychology*, 1:115.

[24] Henry Bugbee, *The Inward Morning: A Philosophical Exploration in Journal Form* (Athens: University of Georgia Press, 2011), 43.

[25] Ibid.

[26] James, "To Henry James", in *Letters of William James*, 2:109.

[27] Cited in John Kaag, "Pragmatism and the Lessons of Experience", *Daedalus: The Journal of the American Academy of Arts and Sciences* 138, no. 2 (2010): 63-72, 67; Emerson, "Circles," in *First Series of Essays*, 320.

[28] See John Kaag, "Me for the Woods", *Paris Review*, June 30, 2017, https://www.theparisreview.org/blog/2017/06/30/me-for-the-woods/.

[29] William James, *Essays in Radical Empiricism* (New York: Longmans Green and Co., 1912), 87.

[30] Cited and discussed in Richardson, *William James*, 450.

[31] Ralph Waldo Emerson, "Experience", in *Second Series of Essays* (Boston: Houghton Mifflin, 1883), 23.

[32] F. Burkhardt, F. Bowers, and I. K. Skrupskelis, *The Works of William James*, vol. 3, *The Principles of Psychology* (Cambridge, MA: Harvard University Press, 1981), 1449.

第五章　真理和结果

[1] Josiah Royce, "William James and the Philosophy of Life", in *William James and Other Essays on the Philosophy of Life* (New York: Macmillan, 1911), 18.

[2] William James, *The Meaning of Truth* (New York: Longmans Green and Co., 1909), 238.

[3] William James, "The Present Dilemma of Philosophy", in *Pragmatism, in William James: Writings*

1902-1910 (New York: Library of America, 1987), 495.

[4] William James, *The Varieties of Religious Experience* (Boston: Longmans, Green, and Company, 1902), 360.

[5] James, "Present Dilemma of Philosophy," 496.

[6] Ralph Waldo Emerson, "Experience", in *Second Series of Essays* (Boston: Houghton Mifflin, 1883), 66.

[7] Ralph Barton Perry, *The Thought and Character of William James* (Atlanta: Vanderbilt University Press, 1996), 279.

[8] William James, "The Conception of Truth", in *Essays in Pragmatism* (New York: Simon and Schuster, 1948), 161.

[9] Cited and discussed at length in Charlene Haddock Seigfried, *The Radical Reconstruction of Philosophy* (Albany: State University of New York Press, 1990), 260.

[10] James, "Conception of Truth," 170.

[11] James, *Meaning of Truth*, 39.

[12] Ibid., 30-31.

[13] Ibid.

[14] William James, Pragmatism: *A New Way for Some Old Ways of Thinking* (New York: Longmans Green and Co., 1910), 119.

[15] Discussed at length in Alexander Livingston, *Damn Great Empires: William James and the Politics of Pragmatism* (New York: Oxford University Press, 2016).

[16] Ralph Waldo Emerson, *Journals and Miscellaneous Notebooks* (Cambridge, MA: Harvard University Press, 1966), 6:197.

[17] William James, "The Gospel of Relaxation", in *On Vital Reserves* (New York: Henry Holt, 1899), 48.

[18] Ibid.

[19] Ibid.

[20] Ibid.

[21] Ibid., 52.

[22] Cited in Gertrude Stein, *Selected Writings of Gertrude Stein* (New York: Vintage, 1966), 75.

[23] William James, *Talks to Teachers on Psycholo-*

gy (Cambridge, MA: Harvard University Press, 1983), 134.

[24] Ibid., 230.

[25] This point is made in detail by David Foster Wallace, *This Is Water* (New York: Little, Brown and Company, 2009).

[26] Arthur Schopenhauer, *Studies in Pessimism*, trans. T. Bailey Saunders (London: Swan Sonnenschein, 1892), 10.

[27] James, *Talks to Teachers on Psychology*, 264.

[28] Perry, *Thought and Character of William James*, 211.

[29] The section discussing James and pedagogy has been excerpted in John Kaag, "The Curse of Credentials", *The Chronicle of Higher Education*, April 6, 2015, https://www.chronicle.com/article/The-Curse-of-Credentials/228999.

[30] Ibid.

[31] William James, "On a Certain Blindness in Human Beings", cached at the University of Ken-

tucky, last accessed July 9,2019, https://www.uky. edu/~eushe2/Pajares/jcertain.html.

[32] Discussed in Kaag, "Curse of Credentials." William James, "Letter to Henry Bowditch, May 22, 1869", Harvard University Libraries, https://library. harvard.edu/onlineexhibits/james/bottom/2_12.html.

[33] Ibid. John Calvin, *Bible Commentaries. Psalms 1-35* (Altenmunster: Jazz Verlag Jurgen Beck, n.d.), 98.

第六章　求知和希望

[1] Cited in Ralph Barton Perry, *The Thought and Character of William James* (Atlanta: Vanderbilt University Press, 1996), 231.

[2] Final chapter cited, excerpted, and discussed in John Kaag, "The Greatest Use of Life", *Aeon Magazine,* October 1, 2018, https://aeon.co/essays/is-life-worth-living-the-pragmatic-maybe-of-william-james.

[3] William James, *Is Life Worth Living?* (Philadelphia: S. Burns, 1897), 9.

[4] Ibid.

[5] William James, *The Principles of Psychology* (New York: Henry Holt, 1918), 2:369.

[6] Ibid.

[7] William James, *The Varieties of Religious Experience* (Boston: Longmans, Green and Company, 1916), 526.

[8] Ralph Waldo Emerson, "Circles", in *The Essential Writings of Ralph Waldo Emerson* (New York: Random House, 2006), 252.

[9] James, *Principles of Psychology*, 1:329.

[10] William James, *Pragmatism: A New Way for Some Old Ways of Thinking* (New York: Longmans Green and Co., 1910), 299.

[11] James, *Varieties of Religious Experience*, 44.

[12] Cited in George Barnard, *Exploring Unseen Worlds: William James and the Philosophy of Mysticism* (Albany: State University of New York Press, 1997), 52.

[13] William James, *Memories and Studies* (New York: Longmans, Green, and Co., 1912), 175.

[14] William James, "Letter to James Sully. March 3, 1901", in *The Letters of William James* (Boston: Atlantic Monthly Press, 1920), 2:98.

[15] James, *Varieties of Religious Experience*, 66.

[16] Novalis, *Novalis: His Life, Thought and Work*, trans. M. J. Hope (Chicago: McClurg and Co., 1891), xviii.

[17] Walt Whitman, "Crossing Brooklyn Ferry", in *Leaves of Grass* (New York: Modern Library Printing, 1892; repr., New York: MLP, 2000), 126.

[18] James, *Varieties of Religious Experience*, 186.

[19] Ibid.

[20] Ibid.

推荐阅读

一次文献

The Correspondence of William James. Edited by Ignas K. Skrupskelis and Elizabeth M. Berkeley. 12 vols. Charlottesville: University of Virginia Press, 1992-.

Essays in Philosophy. Edited by Fredrick Burkhardt et al. Cambridge, MA: Harvard University Press, 1978.

The Letters of William James. Edited by Henry James. Boston: Little Brown, 1926.

The Meaning of Truth. New York: Longmans Green and Co., 1909.

A Pluralistic Universe. Cambridge, MA: Harvard University Press, 1977. Originally published in 1909.

Pragmatism. Cambridge, MA: Harvard University

Press, 1979.Originally published in 1907.

The Principles of Psychology. Cambridge, MA: Harvard University Press, 1981. Originally published in 1890.

Some Problems of Philosophy. Cambridge, MA: Harvard University Press, 1979. Originally published in 1911.

Talks to Teachers on Psychology and to Students on Some of Life's Ideals. New York: Henry Holt, 1899.

The Varieties of Religious Experience. New York: Longmans, Green, and Company, 1916. Originally published in 1902.

William and Henry James: Selected Letters. Edited by Ignas K. Skrupskelis and Elizabeth M. Berkeley. Charlottesville: University of Virginia Press, 1997.

William James: Writings 1878-1899. Edited by Gerald Myers. New York: Library of America, 1992.

William James: Writings 1902-1910. Edited by Gerald Myers. New York: Library of America, 1987.

The Will to Believe and Other Essays in Popular Philosophy. Cambridge, MA: Harvard University Press,

1979. Originally published in 1897.

The Works of William James. Edited by Fredrick Burkhardt et al. 17 vols. Cambridge, MA: Harvard University Press, 1975-.

二次文献

Anderson, Douglas. *Philosophy Americana.* New York: Fordham University Press, 2007.

Barzun, Jacques. *A Stroll with William James.* New York: Harper and Row, 1983.

Bernstein, Richard. *The Pragmatic Turn.* Cambridge: Polity Press, 2010.

Bird, Graham. *William James: The Arguments of the Philosophers.* London: Routledge and Kegan Paul, 1986.

Carrette, Jeremy. *William James's Hidden Religious Imagination: A Universe of Relations.* New York: Routledge, 2013.

Edie, James. *William James and Phenomenology.* Indianapolis: Indiana University Press, 1987.

Feinstein, Howard M. *Becoming William James*. Ithaca, NY: Cornell University Press, 1984.

Gale, Richard M. *The Divided Self of William James*. Cambridge: Cambridge University Press, 1999.

——. T*he Philosophy of William James: An Introduction*. Cambridge: Cambridge University Press, 2004.

Goodman, Russell B. *American Philosophy and the Romantic Tradition*. Cambridge: Cambridge University Press, 1990.

——. *Wittgenstein and William James*. Cambridge: Cambridge University Press, 2002.

Jackman, Henry. " William James." In *The Oxford Handbook of American Philosophy*, edited by Cheryl Misak, 60-86. Oxford: Oxford University Press, 2008.

Kaag, John. *American Philosophy: A Love Story*. New York: Farrar, Straus and Giroux, 2016.

Klein, Alexander. "On Hume on Space: Green's Attack, James's Empirical Response." *Journal of the History of Philosophy* 47, no. 3 (2009): 415-49.

Levinson, Henry S. *The Religious Investigations of William James.* Chapel Hill: University of North Carolina Press, 1981.

Marchetti, Sarin. *Ethics and Philosophical Critique in William James.* New York: Palgrave Macmillan, 2015.

Matthiessen, F. O. *The James Family.* New York: Knopf, 1947.

McDermott, John. *Streams of Experience: Reflections on the History and Philosophy of American Culture.* Amherst: University of Massachusetts Press, 1986.

Misak, Cheryl. *The American Pragmatists.* Oxford: Oxford University Press, 2013.

Moore, G. E. "William James's 'Pragmatism.'" In *Philosophical Studies*, 97-146. London: Routledge and Kegan Paul, 1922.

Myers, Gerald. *William James: His Life and Thought.* New Haven, CT: Yale University Press, 1986.

Pawelski, James O. *The Dynamic Individualism of William James.* Albany: State University of New York

Press, 2007.

Perry, Ralph Barton. *The Thought and Character of William James.* 2 vols. Boston: Little, Brown, 1935.

Pihlström, Sami. *The Trail of the Human Serpent Is over Everything: Jamesian Perspectives on Mind, World, and Religion.* Lanham, MD: University Press of America, 2008.

Proudfoot, Wayne, ed. *William James and a Science of Religions.* New York: Columbia University Press, 2004.

Proudfoot, Wayne, with Ruth Anna Putnam. "William James's Ideas." In *Realism with a Human Face*, edited by Hilary Putnam, 217-31. Cambridge, MA: Harvard University Press, 1990.

Putnam, Ruth Anna. *The Cambridge Companion to William James.* Cambridge: Cambridge University Press, 1997.

Richardson, Robert D. *William James: In the Maelstrom of American Modernism.* Boston: Houghton Mifflin, 2006.

Russell, Bertrand. "Comments on Pragmatism." In *The*

Collected Papers of Bertrand Russell, 6:257-306. London: George Allen and Unwin, 1986.

Seigfried, Charlene Haddock. *William James's Radical Reconstruction of Philosophy.* Albany: State University of New York Press, 1990.

Simon, Linda. *Genuine Reality: A Life of William James.* New York: Harcourt Brace, 1998.

Slater, Michael R. *William James on Ethics and Faith.* Cambridge: Cambridge University Press, 2009.

Sprigge, T. L. S. *James and Bradley: American Truth and British Reality.* Chicago: Open Court, 1993.

Tarver, Erin C., and Shannon Sullivan, eds. *Feminist Interpretations of William James.* University Park: Pennsylvania State University Press, 2015.

Taylor, Eugene. *William James on Consciousness beyond the Fringe.* Princeton, NJ: Princeton University Press, 1996.

Wilshire, Bruce. *William James and Phenomenology: A Study of "The Principles of Psychology."* New York: AMS Press, 1979.

出版后记

　　哲学可用作治疗，两千年来，这种古老的观念持续影响着哲学家，并且惠及大众。纵观其内部，充满与心理学、社会学、物理学、医学相关的"人学"智慧。它提醒人们，要不断追问大问题，不光有利于丰富智识，更能让心灵获益。

　　在"哲学疗愈"这套丛书中，你将读到来自海内外哲学界专家学者的短篇作品：关于严谨哲学如何拨动人类内心深处的琴弦，解答当下社会发生的实际问题，拨开现象的迷雾，安抚人性的躁动不安，助你走出价值死胡同。在这个意义上，你可以将它视为陪伴指引型的实用锦囊，通过它，找到适用于你自己的幸福生活的尺度。

　　本书以美国哲学家威廉·詹姆斯的生平为线索，介绍实用主义哲学诞生的契机和内在的说理，最重要的是实用主义真理观对于人生价值的讨论。威廉·詹姆斯是美国第一位原创哲学家，也是认知心理学的鼻祖。在了解其一生与抑郁症缠斗的事实之前，我们很难想象，他在知识方面所做的努力，竟然都是为了给自己"治病"。因此，他的哲学既不宏大，也不深奥，他从"小"着手，关注个体差异和生命体验，赞美行动和神秘，在生活的实际操作层面意义重大。尽管实用主义在今天的语境中常常被误解，有滑向相对主义的危险，但是本书足以让我们掌握詹姆斯的初衷。在每一个暗淡、抑郁、失眠的日子，我们都不要忘了，他就像一个风雨守夜人，死死守住向外、向无限敞开可能性的门和窗。那句"也许吧"或许正是你期待已久的答案。

最后，译者将自身的知识和体悟融入翻译，在翻译过程中查阅了大量相关资料，为消除文化隔阂而反复润色、修订。感谢她的倾力工作。

后浪出版公司

图书在版编目（CIP）数据

实用主义救了我：威廉·詹姆斯的心理课 /（美）
约翰·卡格著；海拉译. -- 上海：上海文化出版社，
2023.9

ISBN 978-7-5535-2700-0

Ⅰ.①实… Ⅱ.①约… ②海… Ⅲ.①实用主义—哲
学理论—研究 Ⅳ.① B087 ② B712.44

中国国家版本馆 CIP 数据核字 (2023) 第 152232 号

本书简体中文版权归属于银杏树下（上海）图书有限责任公司

图字：09-2023-0151 号

出 版 人	姜逸青
策　　划	银杏树下
责任编辑	赵　静
特约编辑	罗泱慈
封面设计	DarkSlayer

书　　名	实用主义救了我：威廉·詹姆斯的心理课
著　　者	［美］约翰·卡格
译　　者	海　拉
出　　版	上海世纪出版集团　上海文化出版社
地　　址	上海市闵行区号景路 159 弄 A 座 3 楼　邮编：201101
发　　行	后浪出版咨询（北京）有限责任公司
印　　刷	河北中科印刷科技发展有限公司
开　　本	787mm×1092mm 1/32
印　　张	8.125
版　　次	2023 年 9 月第 1 版　2023 年 9 月第 1 次印刷
书　　号	ISBN 978-7-5535-2700-0/B.024
定　　价	68.00 元